Klaus-Jürgen Grosse

Schwarzwälder Bergvesperstuben

GROSSE VERLAG
SEIT 1989

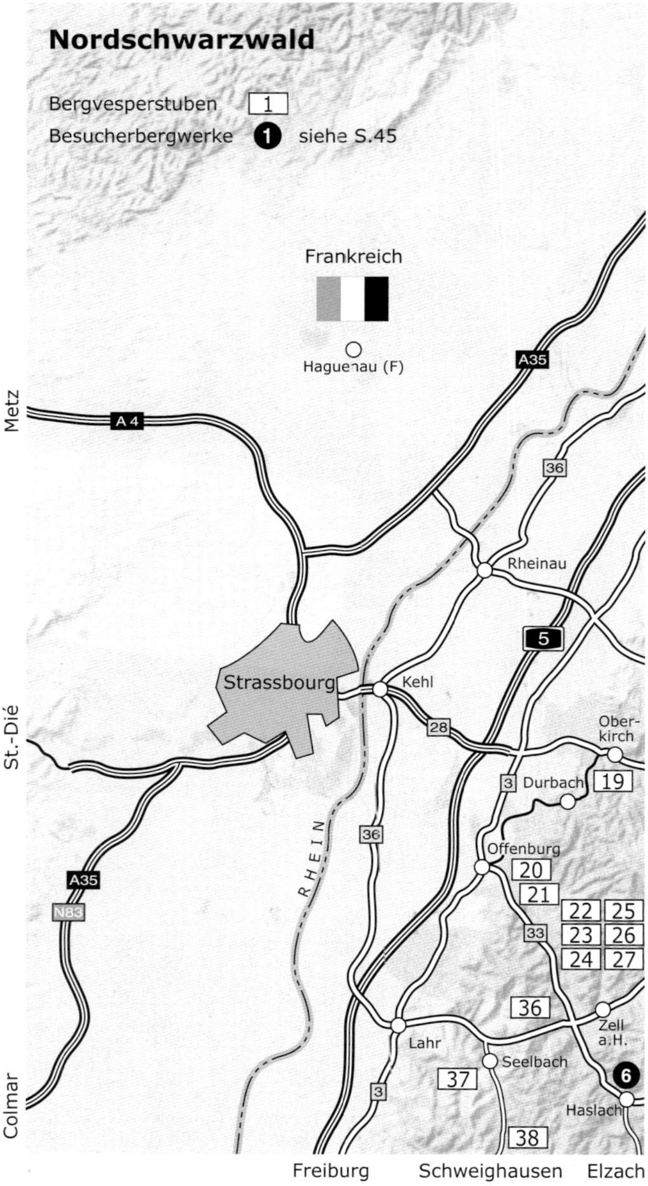
Nordschwarzwald
Bergvesperstuben 1
Besucherbergwerke 1 siehe S.45
Frankreich
Haguenau (F)
A35
A 4
Metz
36
Rheinau
5
Strassbourg
Kehl
St.-Dié
28
Ober-kirch
3 Durbach
19
36
RHEIN
Offenburg
20
21
22 25
23 26
24 27
33
A35
N83
36
Zell a.H.
Lahr
Seelbach
37
6
3
Haslach
Colmar
38
Freiburg
Schweighausen
Elzach

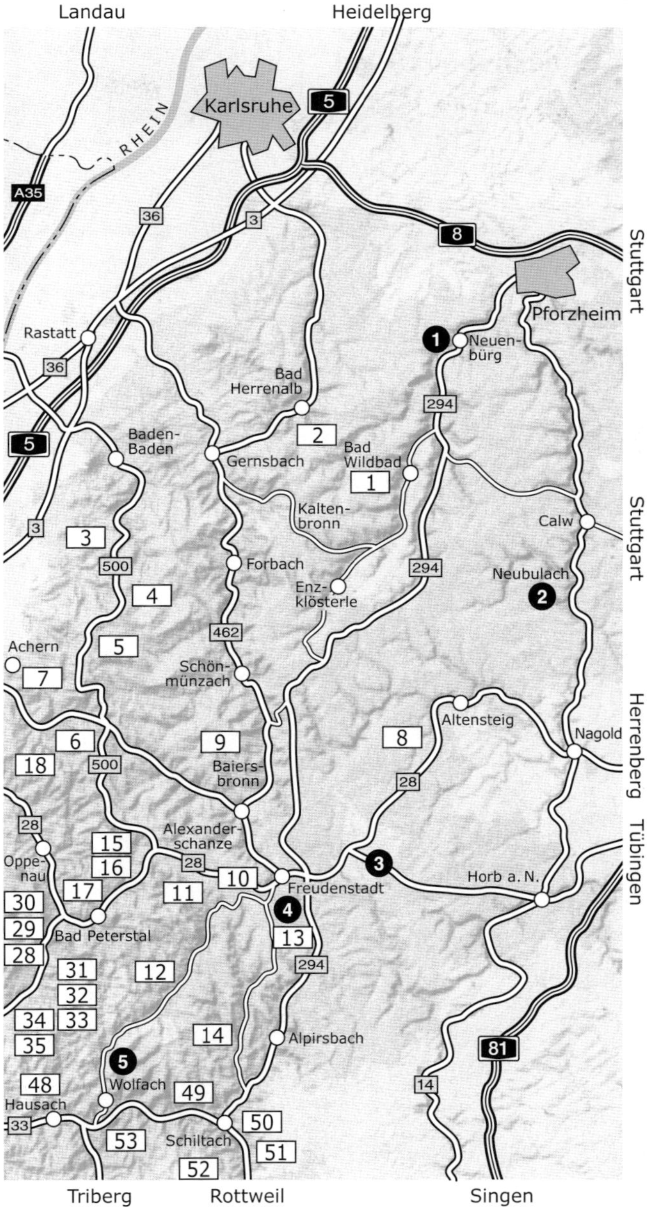

Landau
Heidelberg
Karlsruhe
5
RHEIN
A35
36
3
8
Stuttgart
Pforzheim
Rastatt
1
Neuenbürg
36
Bad Herrenalb
294
5
Baden-Baden
Gernsbach
2
Bad Wildbad
1
Kaltenbronn
Stuttgart
Calw
3
3
500
Forbach
294
Neubulach
Enzklösterle
2
4
462
Achern
5
Schönmünzach
7
Altensteig
Herrenberg
Nagold
6
9
8
18
500
Baiersbronn
28
28
Alexanderschanze
15
Tübingen
3
Oppenau
16
28
10
Horb a. N.
17
11
Freudenstadt
30
4
29
Bad Peterstal
13
28
31
12
294
32
34
33
14
Alpirsbach
35
81
5
48
Wolfach
49
14
Hausach
33
50
53
Schiltach
51
52
Triberg
Rottweil
Singen

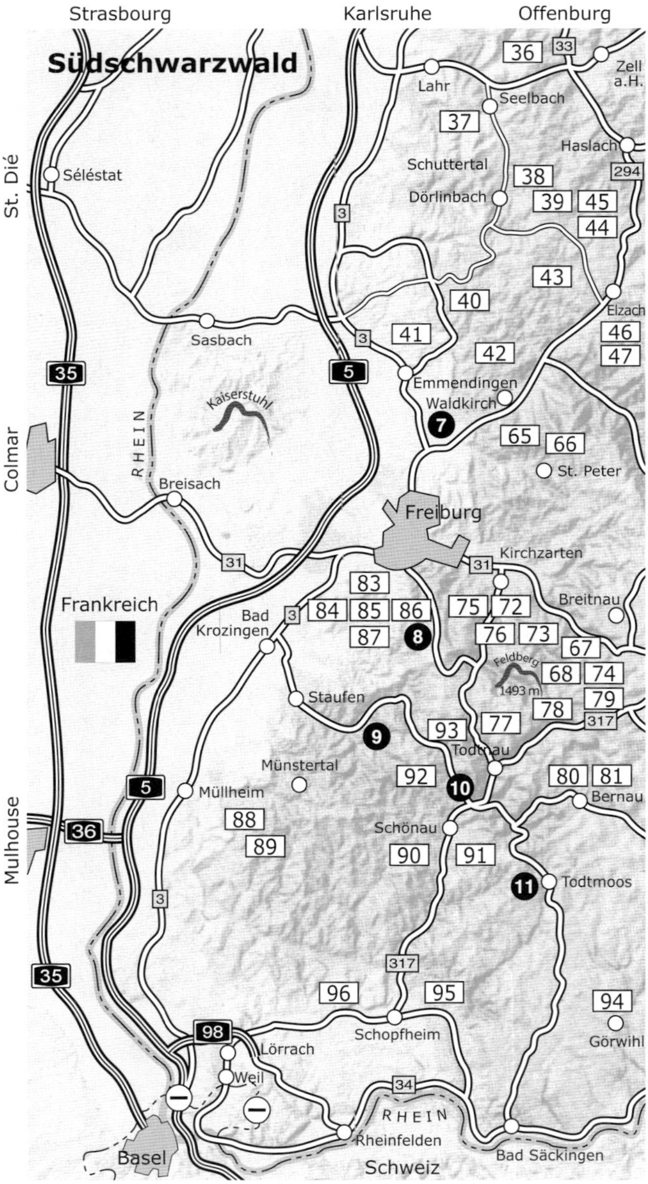
Strasbourg
Karlsruhe
Offenburg
Südschwarzwald
St. Dié
Colmar
Mulhouse
Séléstat
Sasbach
Kaiserstuhl
RHEIN
Breisach
Frankreich
Bad Krozingen
Staufen
Münstertal
Müllheim
Lörrach
Weil
Basel
Rheinfelden
Schweiz
Bad Säckingen
Schopfheim
Görwihl
Todtmoos
Bernau
Schönau
Todtnau
Feldberg
1493 m
Breitnau
Kirchzarten
Freiburg
St. Peter
Waldkirch
Emmendingen
Elzach
Dörlinbach
Schuttertal
Haslach
Seelbach
Lahr
Zell a.H.
35
5
36
98
3
31
33
34
294
317
36
37
38
39
40
41
42
43
44
45
46
47
65
66
67
68
72
73
74
75
76
77
78
79
80
81
83
84
85
86
87
88
89
90
91
92
93
94
95
96
7
8
9
10
11

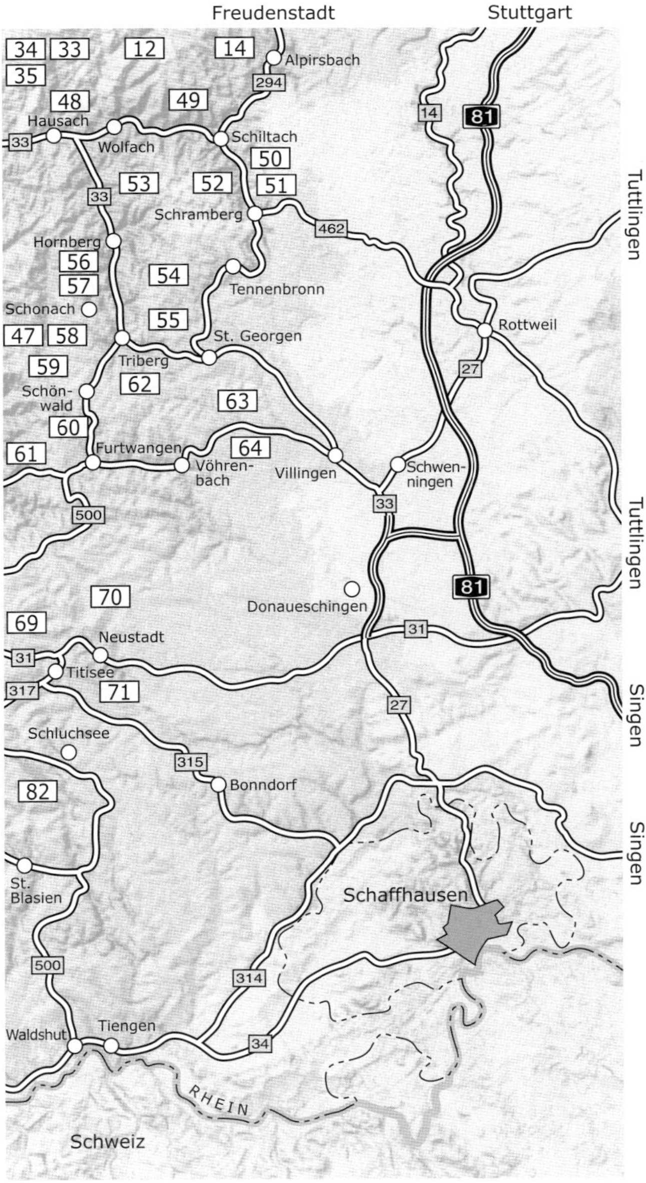
Freudenstadt
Stuttgart
Tuttlingen
Tuttlingen
Singen
Singen
34
33
35
12
14
48
49
Alpirsbach
294
Hausach
Wolfach
Schiltach
33
14
81
50
53
52
51
33
Schramberg
462
Hornberg
56
57
54
Tennenbronn
Schonach
55
47
58
St. Georgen
Rottweil
59
Triberg
62
27
Schön-
wald
63
60
61
Furtwangen
64
Vöhren-
bach
Villingen
Schwen-
ningen
33
500
81
70
Donaueschingen
69
Neustadt
31
31
Titisee
317
71
27
Schluchsee
315
82
Bonndorf
St.
Blasien
Schaffhausen
500
314
Waldshut
Tiengen
34
RHEIN
Schweiz

15. Auflage 2016

Heinrich-Heine-Straße 11
D-79312 Emmendingen
☎ 07641 / 41 66 37
M@il: grosseverlag@t-online.de

Layout und Satz: Vera Stelz, 79312 Emmendingen
Druck: Habé Offset GmbH, 79312 Emmendingen
Kartengestaltung: Margrit Schäfer, 79254 Oberried

ISBN 978-3-934793-23-1

Inhaltsverzeichnis

Schwarzwälder Uhr

Die Uhrenindustrie im Schwarzwald hat eine lange Tradition. Seit dem 18. Jahrhundert wurden in den bäuerlichen Familien Uhren und Uhrwerke gefertigt und Uhrschilder bemalt.
Die ersten der inzwischen weltweit bekannten Kuckucksuhren wurden 1738 in Schönwald gebaut.

Der Bollenhut

Die Tracht, die gemeinhin als typisch für den Schwarzwald gilt, stammt aus dem Gutachtal. Ursprünglich nur hier trugen die Frauen die Bollenhüte, die ledigen mit roten, die verheirateten Frauen mit schwarzen Bollen.

Vorwort

Liebe Leserin, lieber Leser,

nur selten finden wir in unserer schnelllebigen Zeit noch Momente, in denen man inne hält und sich auf das Wesentliche besinnt. Doch diese Momente sind kostbar und spenden Kraft für Neues.

Dieses Taschenbuch ist nicht für Menschen geschrieben, die in aller Eile davonziehen wollen und bestrebt sind, möglichst schnell ans Ziel zu gelangen. Es wendet sich in erster Linie an diejenigen, welche alles, was ihnen auf ihrem Wege begegnet, betrachten, verstehen und bewundern wollen.

Je mehr wir unsere Aufmerksamkeit auf die Landschaftsformen, auf Flora und Fauna richten und auf das Leben der Menschen, das so stark von den Bergen beeinflußt wird, um so eher werden die Wanderungen uns die erwartete Erholung und Ruhe bringen.

Der Begriff Bergvesperstube ist als Synonym für Berggasthaus, Berggaststätte und Restaurant gewählt. Dieser Bergvesperstubenführer ist völlig unparteiisch. Empfehlungen im redaktionellen Teil werden nur im Interesse des reisenden Gastes gegeben und sind weder käuflich noch durch Beeinflussung irgendwelcher Art erlangt worden.

Als kleines Geschenk für Freunde und Bekannte wird dieses Büchlein immer Freude bereiten und Anerkennung finden.

Alle Angaben beruhen, wie bei all meinen Taschenbüchern, auf eigener Recherche an Ort und Stelle.

Ich wünsche wie immer viel Freude beim Lesen und Erkunden.

Klaus-Jürgen Grosse
Autor und Verleger September 2016

Die Geschäftigkeit des Alltags
verlangt nach Mußestunden,
soll der Mensch nicht ganz der Unrast
unserer Tage zum Opfer fallen.
Verfasser unbekannt

Alphabetisches Register

Schwarzwälder Bergvesperstuben

Alphabetisches Register
Schwarzwälder Bergvesperstuben

— ABC —

Öffnungstage

Erläuterung: Öffnungstage im vorliegenden Band.
Da die Bergvesperstuben in den Schwarzwaldregionen von Nord (Haus Nr. 1) nach Süd (Haus Nr. 96) nicht weit auseinanderliegen, wurden sie hier, bei den Öffnungstagen, nach Seitenzahl und nicht alphabetisch sortiert.
Je höher die Seitenzahl, desto südlicher reisen Sie von Nord nach Süd durch den Schwarzwald.

Öffnungstage

Öffnungstage

Öffnungstage

Öffnungstage

Öffnungstage

Öffnungstage

FREITAG GEÖFFNET (Forts.)	Seite
Heinehof	148
Gerstenhalmstüble	
➤ Mai bis Oktober	150
Kohlerhof	151
Kälbelescheuer	
➤ April bis Oktober	152
Fischerhütte-Nonnenmattweier	
➤ Juni bis Oktober	154
Hirtenbrunnen	155
Holzer Kreuz	
➤ Ostern bis Ende Okt.	156
Auerhahn Zum – Rollsbach	157
Eichrüttehof	160
Jägerstüble – Herrischried	162
Hirschen – Schillighof	
➤ Mai bis Oktober	163

SAMSTAG	Seite
haben alle geöffnet, bis auf	
Mittlerer Schwarzwald	
Schmalzerhisli	41
➤ November bis April geschl.	
Südlicher Schwarzwald	
Schweighof	149

SONN- u. FEIERTAGE
haben alle geöffnet

Übernachtung möglich

Ferienwohnung

Höhenlage

Bis 1.450 m

Wilhelmer Hütte St.	1.423 m
Krunkelbachhütte	1.294 m
Stübenwasen	1.270 m
Zastler Hütte	1.262 m

Bis 1.250 m

Hochfirst	1.190 m
Brend	1.148 m
Schwedenschanze Zur	1.145 m
Knöpflesbrunnen	1.124 m
Raimartihof	1.108 m
Erlenbacher Hütte	1.100 m
Engel Zum – Schollach	1.098 m
Hinterwaldkopfhütte	1.092 m
Stollenbacher Hütte	1.092 m
Darmstädter Hütte	1.069 m
Stöcklewaldturm	1.069 m
Berghäusle – Hinterzarten	1.050 m
Ochsenstall	1.036 m
Präger Böden	1.025 m
Silberberg	1.005 m

Bis 1.000 m

Plattenhof	985 m
Höfener Hütte	980 m
Kälbelescheuer	976 m
Rappenecker Hütte	959 m
Jägerstüble – Herrischried	953 m
Unterkrummenhof	950 m
Bergwaldhof	947 m
Reinertonishof	940 m
Deutschen Jäger Zum (Windkapf)	928 m
Fischerhütte – Nonnenmattweier	915 m
Auerhahn Zum (Neuhäusle)	908 m
Teufelsmühle	907 m
Breitbrunnen	890 m
Staude Zur	889 m
Auerhahn Zum – Rollsbach	850 m
Grünhütte	839 m
Linde Zur (Napf)	828 m
Gerstenhalmstüble	820 m
Schanzenberghof	818 m
Bosenstein Stüble	810 m
Holzer Kreuz	784 m
Eichrüttehof	780 m
Sommerecke NFH	778 m
Strutwirt	771 m
Kohlerhof	760 m

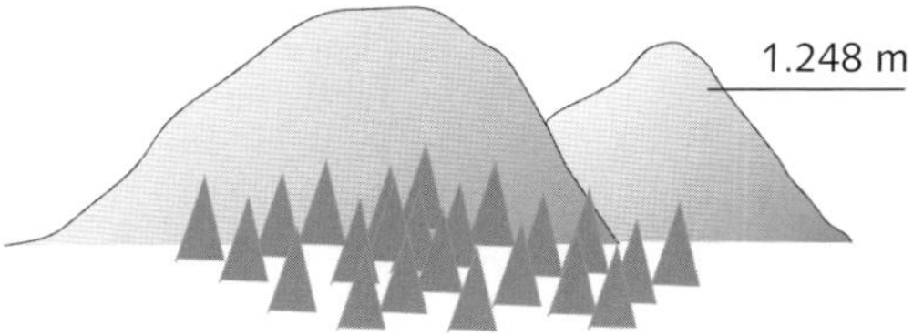

Höhenlage

Bis 750 m

Waldcafé im Teuchelwald	740 m
Schmalzerhisli	739 m
Harzhäusle	725 m
Buckhof	720 m
Durben Vesperstube	710 m
Schweighof	705 m
Benzenhof	700 m
Harkhof	700 m
Hirtenbrunnen	690 m
Hinterholz Stube	685 m
Luegemol	685 m
Kohlbergwiese	680 m
Wuspenhof	660 m
Breitenberg Zum	650 m
Heinehof	650 m
Herbstwasen	650 m
Hagenbergstüble	640 m
Alte Tränke	620 m
Schneiderhof	605 m
Braunbergstüble	600 m
Schwarzwaldstube	600 m
Langenberg	590 m
Schwenkenhof	580 m
Fiesemichel	565 m
Käppelehof	550 m
Seidtenhof	550 m
Vogt auf Mühlstein	544 m
Waldsteinschänke	534 m
Funi's Vesperstube	530 m
Zinsbachstube	520 m
Brandeck Lindle	518 m

Bis 500 m

Fischerhütte – Biederbach	473 m
Bergbauernhof	470 m
Jägerstüble – Oberharmersb.	460 m
Pflingsthof	460 m
Gscheid	456 m
Hasegallis Besen	450 m
Lieberatsberg Stuben	450 m
Martinshof	450 m
Hirschen – Schillighof	440 m
Herberge Zur	433 m
Beck Vesperstube	425 m
Sternen Zum – Seelbach	416 m
Bächle Hof	413 m
Heidenbühl Strausse	398 m
Hummelswälder Hof	390 m
Martinsteinhiesli	336 m
Hinterhambacher Strausse	329 m
Engel Zum – Tennenbach	260 m
Zapf's Vesperhäusle	250 m
Müller's Mühle	240 m
Bischoff's Ruh	204 m

Zeichenerklärung

Nr. der Bergvesperstube	
Öffnungszeiten	Warme Küche Spezialitäten
Übernachtungs-möglichkeit	Ferienwohnung
Direktvermarktung	Internet Hinweisschild
Zufahrt	Gartenwirtschaft
Wandertipp	Kinderspielplatz
Zusatz-Info	Aussichtsturm
	Seite der Anschlusskarte
	Bundesstraße
	Landstraße
	Zufahrt
	Wanderweg
	Westweg
	Mittelweg
	Kandelhöhenweg

Das Vesper ...

Eigentlich heisst es ja „die" Vesper. Damit ist eine kleine Zwischenmahlzeit am Nachmittag oder Abend gemeint. Dennoch ist es hierzulande etwas völlig Normales zu jeder Tageszeit, auch am Morgen, zu vespern. Deshalb heißt es eben zeitungebunden „das" Vesper. Eines ist jedoch unmöglich: etwas Warmes zum Vesper.

Was gehört nun eigentlich zu einer zünftigen, echten VESPER?
Als erstes ein Brettle und ein scharfes Messer ohne Sägeschliff. Speck, eine dicke Scheibe Schwarzwurst (Blut- oder Rotwurst genannt), Leberwurst, Brot und als Höhepunkt Rahmkäse. Der Speck, sollte er hausgemacht sein, ist durchwachsen, hat eine dunkelrote Farbe und einen leichten Salzüberzug. Zu einer echten Speckvesper gehört aber auch ein Schnäpschen.

1 Grünhütte 839 m

75323 Bad Wildbad www.gruenhuette.de
☎ 07081 / 86 27

Kein Ruhetag: Täglich von 10 bis 18 Uhr geöffnet
Betriebsferien: Ende der Herbstferien (BaWü) bis 4. Advent geschlossen

Durchgehend warme Küche: Tagesgericht, Heidelbeer- oder Kirschpfannkuchen, schwäbische Maultaschen, Schlachtplatte, Heidelbeerkuchen mit Eischnee

Bad Wildbad - Mit der Bergbahn auf den Sommerberg. Von der Bergstation (720 m) erreicht man nach wenigen Minuten die Rodelhütte und kurz darauf den Skihang. Vorbei geht es an den „Fünf Bäumen" und weiter auf dem Mittelweg gemächlich durch den Hochwald in 1:15 Std. (5 km) zur Grünhütte, einer ehemaligen Holzhauersiedlung, Siehe Skizze, Seite 27
Kaltenbronn - Ab Wanderparkplatz [PF] gehen Sie am Ende auf dem breiten Forstweg am Wildgehege und der folgenden Abzweigung (links, neue Wegführung) vorbei und an der Mannsloh - Redoute (aus dem spanischen Erbfolgekrieg im 18. Jahrhundert) bis zur großen Wegkreuzung (links Leonhard Hütte). Hier an der Wegkreuzung rechts (Hws. Wildsee) und nach 100 m links in den Wald hinein. Auf dem 1,5 km langen Holzbohlensteg durch das Hochmoor und am Ende folgen Sie rechts den Wanderweg Nr. 1 (Hws. Grünhütte). Sie gehen an der Weißensteinhütte vorbei und noch 1,5 km bis zur Bergvesperstube Grünhütte. Wanderzeit 2:15 Std..
Wildsee - An der höchsten Stelle des Bohlenweges (908 m) sehen Sie links den Hornsee, rechts den Wildsee.

2 Teufelsmühle 908 m

Außerhalb 1
76597 Loffenau
☎ 07083 / 83 02

www.teufelsmühle.com

Ruhetag: Montag bis Donnerstag
Freitag, Samstag, Sonn- u. Feiertage von 11 bis 18 Uhr geöffnet

Ab 11.30 Uhr durchgehend warme Küche
Regionale Gerichte, Tageskarte, Kuchen tägl. frisch gebacken

Von Gernsbach in Richtung Bad Herrenalb. 2 km hinter Loffenau, am Ende einer Linkskurve, fahren Sie am Hws. Teufelsmühle rechts ab und weiter bergwärts bis zum Wanderparkplatz – Rißwasenhütte – auf der Anhöhe. Hier fahren Sie rechts auf einer Mautstraße (Die Mautstation ist in der Regel an Wochenenden und an Feiertagen besetzt) den Berg hinauf und erreichen nach 3 km die Bergwirtschaft Teufelsmühle.
Siehe Skizze, Seite 27.

Vom Westweg 2,5 km (40 Min. Wanderzeit) entfernt.

Großes Loch - Teufelskammern in der Felsenschlucht
Ab Wanderparkplatz „Rißwasenhütte" gehen Sie auf dem Fahrsträßchen bergauf. Nach 300 m (Wegmarkierung) gehen Sie rechts ab und weiter auf leicht ansteigenden Weg bis zum Felsenpfad. Auf dem Felsenpfad sehen Sie nach 3 Wegkehren, links oben am Hang die Teufelskammern. Achtung: Bei Regen und feuchtem Klima (Quellgebiet) Rutschgefahr.

Wollgrasblüte im Juni am Hohlohmoorsee
auf dem Kaltenbronn bei Gernsbach

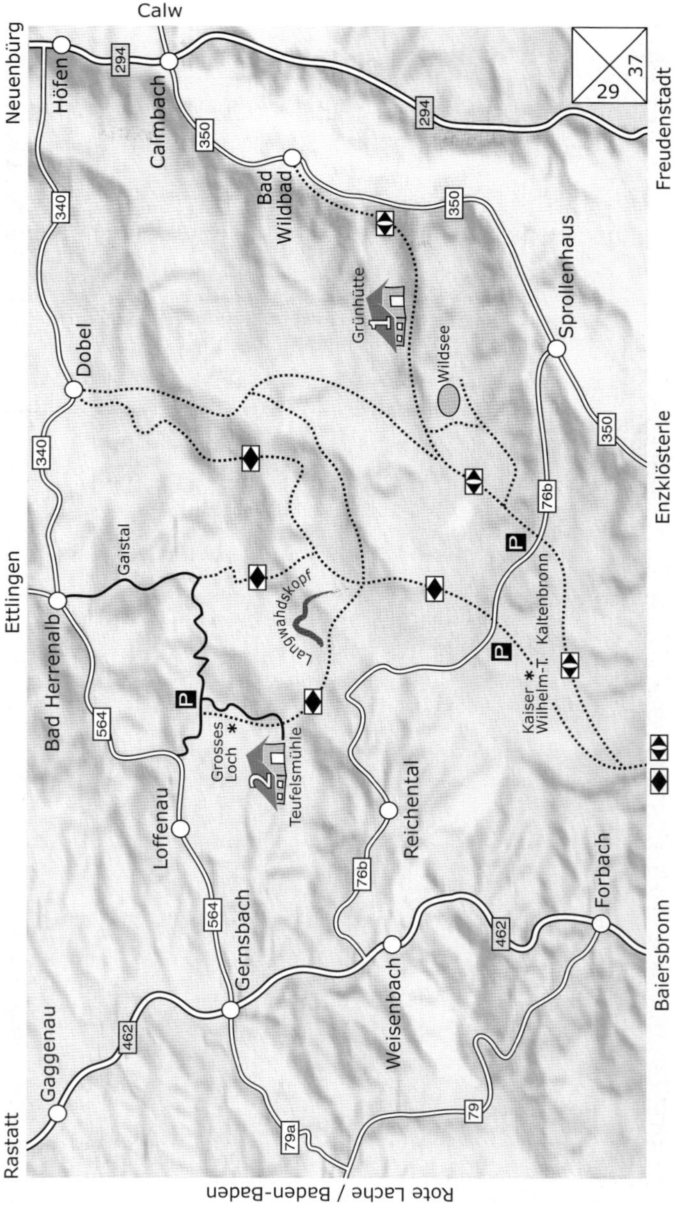

Calw
Neuenbürg
Höfen
Calmbach
Bad Wildbad
Freudenstadt
29
37
294
350
340
Grünhütte
Wildsee
Sprollenhaus
Dobel
Enzklösterle
76b
Ettlingen
Gaistal
Langwahdskopf
Kaltenbronn
Kaiser Wilhelm-T.
Bad Herrenalb
564
Grosses Loch
Teufelsmühle
Loffenau
Reichental
Forbach
462
Gernsbach
Weisenbach
Baiersbronn
Gaggenau
Rastatt
79
79a
Rote Lache / Baden-Baden

3 Kohlbergwiese 680 m

Kohlbergstr. 4
77815 Bühl-Sand
☎ 07226 / 250

www.waldgasthaus-kohlbergwiese.de

Ganzjährig geöffnet
7. Januar bis Mitte März – nur sonntags von 11 bis 18 Uhr geöffnet
Mitte März bis 23. Dezember
Ruhetag: Montag und Dienstag
Mittwoch bis Sonntag u. Feiertage tägl. von 11 bis 19 Uhr geöffnet
Sommerzeit: Gartenwirtschaft mit Selbstbedienung
Winterzeit: Oktober bis April wird in der Gaststube mit Service bedient
Vom 24. Dezember bis 6. Januar geschlossen

Durchgehend warme Küche, täglich wechselndes Tagesgericht
Kleine und große Vesperkarte, selbstgebackener Kuchen

Von Bühl kommend fahren Sie auf der Hauptstraße durch Bühlertal bis zur Sparkasse. Hinter der Sparkasse, an der Kreuzung biegen Sie links ab. Sie fahren auf der Hirschbachstraße 1,8 km bis zur Tennis- / BMX Anlage und weiter auf unbefestigten Waldweg bergauf. Sie folgen den Hinweisschildern „Kohlbergwiese" und erreichen nach 3,5 km das Waldgasthaus Kohlbergwiese. Siehe Skizze, rechte Seite und Seite 33.

VARIANTE Von der Schwarzwaldhochstraße (B500), am Ghs. Schwanenwasen – 1 km talwärts. An der scharfen Rechtskurve (Hinweisschild) links und 1,3 km bergwärts bis Kohlbergwiese.

Vom Wanderparkplatz Bühlerhöhe (B500), gegenüber vom Hotel Plättig, den Waldweg talwärts in 20 Min. Trotz Verbotsschild wird für Hausgäste die Zufahrt mit dem PKW geduldet.

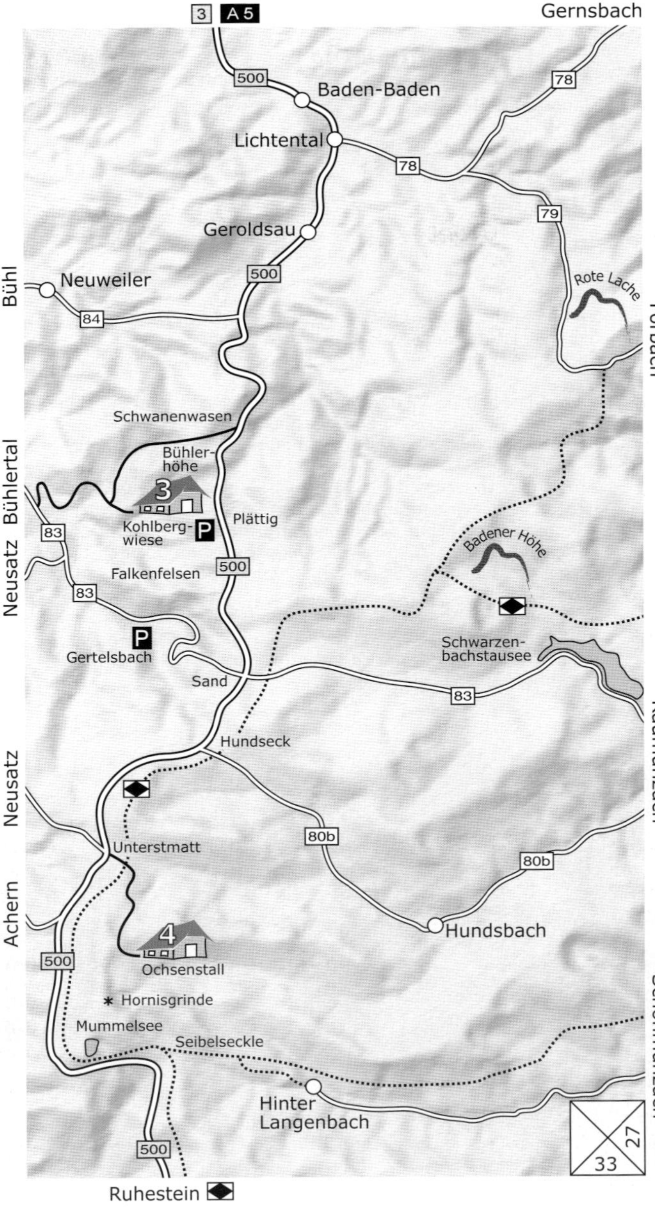
3
A 5
Gernsbach
500
Baden-Baden
78
Lichtental
78
79
Geroldsau
500
Bühl
Neuweiler
84
Rote Lache
Forbach
Schwanenwasen
Bühler-
höhe
Bühlertal
3
Kohlberg-
wiese
P
Plättig
83
Neusatz
Badener Höhe
500
Falkenfelsen
83
P
Gertelsbach
Schwarzen-
bachstausee
Sand
83
Raumünzach
Hundseck
Neusatz
Unterstmatt
80b
80b
Achern
4
Ochsenstall
Hundsbach
500
Hornisgrinde
Mummelsee
Seibelseckle
Schönmünzach
Hinter
Langenbach
27
33
500
Ruhestein

4 Ochsenstall 1.036 m

Hundsrücken 1
77815 Bühl-Unterstmatt
☎ 07226 / 92 09 11
(07226 / 266 Schneebericht)

www.wanderheim-ochsenstall.de

Kein Ruhetag
Sommerzeit: täglich ab 9 Uhr
(ab 11 Uhr, je nach Wetterlage)
Winterzeit: Öffnungszeiten telefonisch erfragen oder Internet

Warme Küche von 11 bis 17 Uhr, ab 18 Uhr Abendkarte
Selbstgemachte Eintöpfe, Hausmacher Vesper
Speck und Schinken aus traditionellem Schwarzwälder Rauch

1 EZ, 4 Dreibett-, 3 Vierbettzimmer (Sanitäranlagen auf der Etage)
1 DZ mit Waschbecken, 1 DZ Waschbecken und WC
Räumlichkeiten bis zu 39 Übernachtungsgäste in 10 Zimmern

Ab Parkplatz Unterstmatt - B 500 - gehen Sie hinter dem Kurhotel den Weg hinauf. Sie folgen dem Wanderzeichen Rote Raute auf weißem Grund (Westweg Pforzheim - Basel) und erreichen bei mittlerem Aufstieg, später auf ebenen Waldweg die Bergvesperstube Ochsenstall (Wanderzeit 45 Min.). Siehe Skizze, Seite 29 und 33.

Hornisgrinde - Ab Ochsenstall folgen Sie den Westweg 2 km in südl. Richtung bis auf die Anhöhe der Hornisgrinde (1.164 m). Die Hornisgrinde, höchster und aussichtsreichster Berg des Nordschwarzwaldes, der auf seiner Höhe ein Moor trägt.

5 Darmstätter Hütte 1.030 m

Schwarzwaldhochstraße 5
77889 Seebach
☎ 07842 / 22 47

www.darmstaedter-huette.de

Ruhetag: Dienstag
Täglich von 10 bis 18 Uhr geöffnet

Durchgehend warme Küche
Eintopf, Suppen, Maultaschen mit Kartoffelsalat

2 x DZ; 1 x 3-Bett-; 2 x 6-Bett-; 1 x 7-Bett- u. 2 x 8-Bettzimmer
alle Zimmer mit w/k Wasser. Duschen und Toiletten auf den Etagen
Von Sonntag auf Montag keine Übernachtung möglich

Die Darmstätter Hütte ist mit dem Auto nicht anfahrbar.
Von Ruhestein in Richtung Baden-Baden. Auf der B500 an der Abzweigung Seebach / Ottenhöfen vorbei und noch 1,7 km bis zum Wanderparkplatz an der rechten Straßenseite. Ab hier gehen Sie bergwärts in 25 Minuten zur Darmstätter Hütte. Siehe Skizze, Seite 33 und 37.

VARIANTE Von der Passhöhe Ruhestein (Wanderparkplatz) in nördlicher Richtung, Wanderzeit 30 Min. Die Wanderwege zur Hütte sind gut ausgeschildert.

6 Bosenstein - Stüble 810 m

Bosenstein 8
77889 Seebach
☎ 07842 / 3 08 22

www.gasthausbosenstein.de

Ruhetag: Mittwoch
Montag, Dienstag, Donnerstag u. Freitag ab 10:30 Uhr
Samstag, Sonn- u. Feiertage ab 10 Uhr geöffnet.

Durchgehend warme Küche
Heimische Spezialitäten aus Küche und Keller,
ausschließlich. aus der Region

Von Ottenhöfen fahren Sie in Richtung Schwarzwaldhochstraße. 2 km hinter Seebach sehen Sie an der rechten Straßenseite ein Hinweisschild zum Bosenstein / Kernhof. Hier biegen Sie rechts ab und fahren 4 km auf asphaltiertem Waldsträßchen, am Sportgeschäft Kern vorbei, direkt bis zur Bergvesperstube Bosenstein Stüble.
Siehe Skizze, rechte Seite und Seite 37.

50 m oberhalb vom Bosenstein Stüble gehen Sie an der Wandertafel rechts ab. Sie folgen dem Wanderzeichen, blaue Raute, und wandern zum Karlsruher Grat (20 Min.). Eine Durchwanderung der Klippen mit ihren Steilabstürzen und wechselnden Tiefblicken setzt keine bergsteigerischen Kenntnisse voraus, jedoch Schwindelfreiheit und Schuhe mit Profilsohle sind erforderlich.

TIPP Ab Bosenstein Stüble bergwärts zur Verbindungsstraße K5370 (links Ruhestein (B500) <> rechts Allerheiligen).

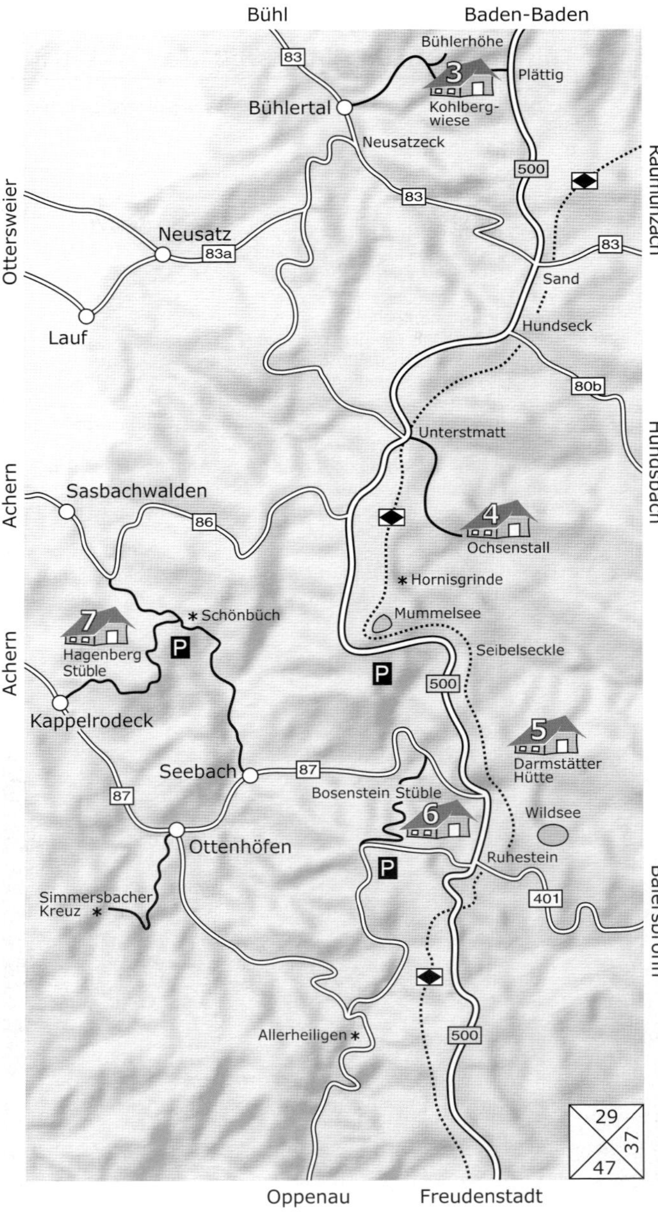

Bühl
Baden-Baden
Bühlerhöhe
83
3
Plättig
Bühlertal
Kohlberg-
wiese
Neusatzeck
500
Raumünzach
Ottersweier
83
Neusatz
83a
83
Sand
Lauf
Hundseck
80b
Unterstmatt
Hundsbach
Achern
Sasbachwalden
86
4
Ochsenstall
Hornisgrinde
7
Schönbüch
Mummelsee
Achern
Hagenberg
Stüble
P
Seibelseckle
P
500
Kappelrodeck
5
Darmstätter
Hütte
Seebach
87
Bosenstein Stüble
87
6
Wildsee
Ottenhöfen
Ruhestein
P
Baiersbronn
401
Simmersbacher
Kreuz
Allerheiligen
500
29
37
47
Oppenau
Freudenstadt

7 Hagenbergstübel 640 m

Hagenberg 7
77887 Sasbachwalden
☎ 07841 / 59 13

www.hagenbergstuebel.de

Ruhetag: Montag bis Donnerstag
Freitag und Samstag ab 14 Uhr
Sonn- und Feiertage ab 10 Uhr geöffnet
Für Gruppen (Voranmeldung) ab 12 Personen
wird auch unter der Woche geöffnet

Durchgehend warme Küche
Gebackene Forelle aus eigener Forellenzucht
Speck aus eigenem Rauch, selbstgebackener Kuchen
Produkte aus eigener Tierhaltung

Von Sasbachwalden fahren Sie in Richtung Schwarzwaldhochstraße. 1 km hinter Sasbachwalden biegen Sie an der ersten scharfen Linkskurve rechts ab. Sie fahren auf der Schönbüchstraße bis zur Anhöhe Schönbüch, links Forsthaus. Hier können Sie Ihr Fahrzeug abstellen und rechts durch den Wald (15 Min.) gehen oder Sie fahren mit dem Auto direkt zur Bergvesperstube. Siehe Skizze, Seite 33.

Tipp Ab Hagenbergstübel können Sie auf asphaltiertem Waldsträßchen talwärts nach Kappelrodeck fahren.

8 Zinsbachstube 520 m

Zinsbachstr. 1
72299 Wörnersberg
☎ 07453 / 63 03

Ruhetag: Montag bis Freitag
Samstag, Sonn- und Feiertage ab 10 Uhr geöffnet

Ab 12 Uhr durchgehend warme Küche. Am Wochenende wechselnde Tagesessen. Saisonale Gerichte, große Vesper- und Eiskarte

Von Freudenstadt auf der B28 in Richtung Altensteig. An der Abzweigung Pfalzgrafenweiler links ab, Richtung Grömbach / Wörnersberg (Hws.). Nach 500 m am Wanderparkplatz (Hws. Zinsbachtal / -stube) rechts und weiter bis zum Talgrund im Zinsbachtal. Hier rechts, 1,4 km entlang des Zinsbaches auf ebenem Weg zur Zinsbachstube.
Siehe Skizze, Seite 37.

VARIANTE Von Altensteig in Richtung Freudenstadt. Vor Ortsausgang rechts in Richtung Nagold-Talsperre. Sie fahren 2,3 km parallel zur Nagold und biegen hinter dem Campingplatz links ab, Richtung Grömbach. Sie überqueren die Nagold und biegen gleich hinter der Brücke links ab in Richtung Wörnersberg. Nach 1 km an der Abzweigung beim Ghs. Kohlsägmühle links ins Zinsbachtal. 2 km durch das Zinsbachtal zur Zinsbachstube.

Gegenüber der Zinsbachstube, auf der anderen Talseite, verläuft der Fernwanderweg Ostweg Pforzheim – CH-Schaffhausen.
Das Zinsbachtal ist ein für den Schwarzwald typisches Wiesental, das wegen seiner landschaftlichen Schönheit zum Naturschutzgebiet erklärt wurde.

Plattform Ellbachseeblick – Kniebis

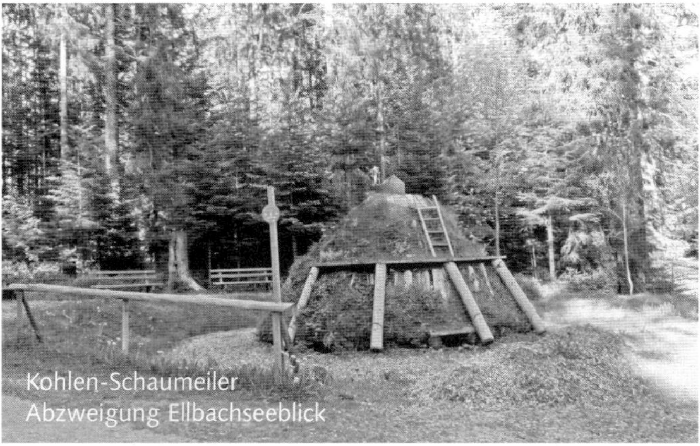

Kohlen-Schaumeiler
Abzweigung Ellbachseeblick

Zugang: Vom WDP Tourist-Information Kniebis (B500/B28) in 30 Min./1,2 km ebener, geteerter Weg. Für Familien mit Kinderwagen ist der Ellbachseeblick auf der barrierearmen Variante der Tour erreichbar. Siehe Skizze, rechte Seite.

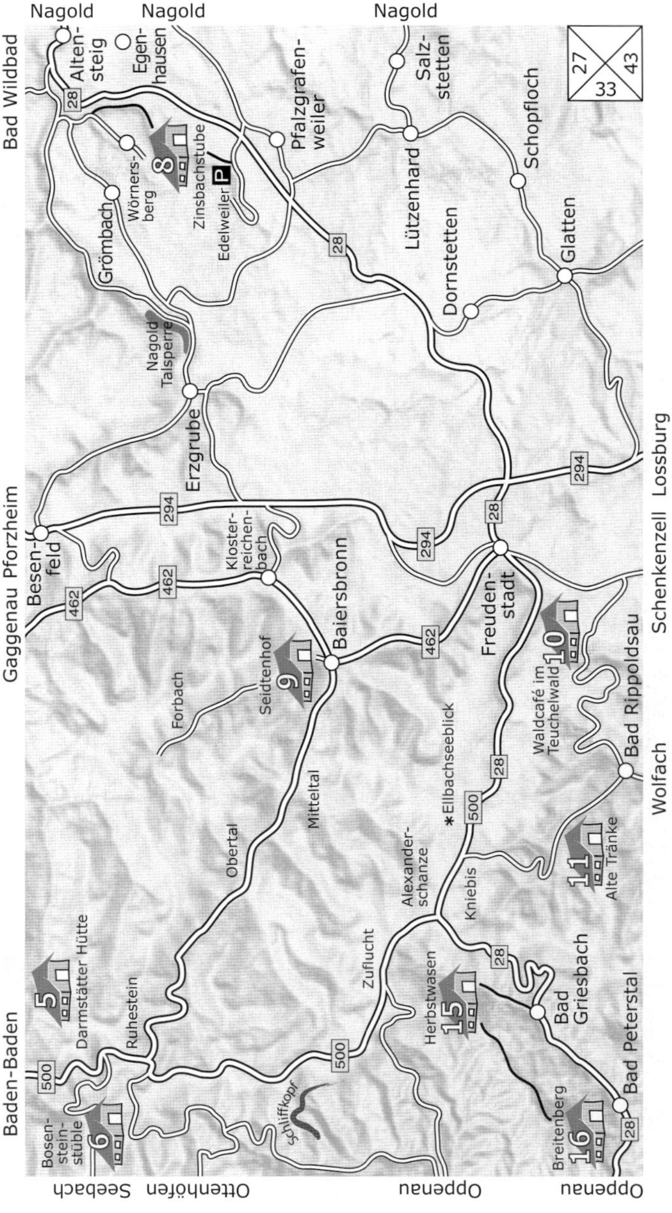
Bad Wildbad
Gaggenau Pforzheim
Baden-Baden
Nagold
Nagold
Nagold
Seebach
Ottenhöfen
Oppenau
Oppenau
Lossburg
Schenkenzell
Wolfach
27
33
43
Alten-
steig
Egen-
hausen
Salz-
stetten
Pfalzgrafen-
weiler
Schopfloch
Lützenhard
Glatten
Dornstetten
Wörners-
berg
Grömbach
8
Zinsbachstube
Edelweiler
P
Nagold
Talsperre
Erzgrube
Besen-
feld
Kloster-
reichen-
bach
Baiersbronn
9
Seidtenhof
Forbach
Freuden-
stadt
10
Waldcafé im
Teuchelwald
Bad Rippoldsau
Mitteltal
Obertal
Ellbachseeblick
Alexander-
schanze
Kniebis
11
Alte Tränke
5
Darmstätter Hütte
Ruhestein
Zuflucht
Herbstwasen
15
Bad
Griesbach
Bad Peterstal
Breitenberg
16
6
Bosen-
stein-
stüble
Schliffkopf
28
294
462
500

9 Seidtenhof

550 m

Reichenbacher Weg 46
72270 Baiersbronn
☎ 07442 / 12 08 95

www.seidtenhof.de

Ruhetag: Mittwoch
April bis Oktober von 12 bis 20 Uhr (Küche bis 19:30 Uhr),
November bis März von 12 bis 19 Uhr (Küche bis 18:30 Uhr) geöffnet
Betriebsferien: telefonisch erfragen bzw. über Internet

Durchgehend warme Küche
Maultaschenfüllung und Rindfleischgerichte von eigenen Weideochsen
Schwarzwälder Vespergerichte warm und kalt, diverse Natursäfte
Kuchen und Eisspezialitäten (Murgtaleis) aus eigener Herstellung

Von Baiersbronn in Richtung Klosterreichenbach, hinter der Aral Tankstelle von der Bundesstraße links ab Richtung Tonbach. Hinter der kl. Brücke beim Neukauf Markt rechts in den Wiedenbergweg einbiegen und die zweite Stichstraße rechts zum Reichenbacher Weg vorfahren. Hier an der Kreuzung rechts und auf dem Reichenbacher Weg 300 m bis zur Vesperstube Seidtenhof. Parkplatz an der rechten Straßenseite. Siehe Skizze, Seite 37.

Start: Bahnhof Baiersbronn. Man überquert die B462 und geht in die Oberdorfstraße - Alte Gasse - Marienkirche - Alte Reichenbacher Straße nach Klosterreichenbach. Man überquert die B462, die Bahnlinie und die Murg. Hier links in den Höfer Weg und später Reichenbacher Weg (Einkehr: Seidtenhof 1,4 km) zur Tonbachstraße. Hier links der Straße folgen bis zur B462. Die B462 überqueren, dann über die Murg und zurück zum Bahnhof. Weglänge: 8 km, Gehzeit: 1,5 - 2 Std.

10 Waldcafé im Teuchelwald 740 m

Teuchelwald www.waldcafe-teuchelwald.de
72250 Freudenstadt
☎ 07441 / 62 22 | Mobil: 0175 / 9 65 26 90

Mai bis Oktober
Ruhetag: Montag
Täglich von 11 bis 19 Uhr geöffnet
Winteröffnungszeiten: siehe Internet
bzw. über Mobil-Tel. (s.o.) erfragen

Hausgemachte Feinkostsalate mit Bratkartoffeln
Kuchen aus eigener Herstellung, Vesper warm und kalt

Von Freudenstadt auf der B28 in Richtung Kniebis / Oppenau. Am Ortsausgang, hinter dem Besucherbergwerk, links in Richtung Schömberg / Bad Rippoldsau. 750 m hinter der Abzweigung rechts auf den Parkplatz Teuchelwald. Anschließend 10 Min. auf ebenen Waldweg zur Abzweigung Waldcafé im Teuchelwald (Hws). Hier, rechts abwärts zum Waldcafé. Siehe Skizze, Seite 37 und 43.

Ein Waldgeschichtspfad (Parkplatz Bässler Brücke 8,5 km Rundweg) führt am Waldcafé im Teuchelwald vorbei. Erleben Sie Spuren längst vergangener Zeiten: den Schwarzwald der Flößer und Harzer, der Glashütten und Erzminen. Jahrhundertlange Überbleibsel und originalgetreue Abbildungen veranschaulichen historisches Waldgewerbe und die Lebensweise der Waldleute. Kohlplatten, ein nachgebauter Kohlenmeiler, „Teucheln"– ausgehöhlte aneinandergesetzte Baumstämme als Wasserleitungen und die mächtigste Tanne des Schwarzwaldes gehören zu den Zeitzeugen.

11 Alte Tränke Schmidbauernhof 620 m

Fürstenbergstraße 41
77776 Bad Rippoldsau
☎ 07440 / 10 66 od. 522

www.alte-traenke.de

Juli bis Oktober
Ruhetag: Montag
Dienstag bis Samstag täglich ab 14 Uhr
Sonn- und Feiertage ab 10:30 Uhr geöffnet
November bis Juni
Ruhetag: Montag und Dienstag
Mittwoch bis Samstag täglich ab 14 Uhr
Sonn- und Feiertage ab 10:30 Uhr geöffnet
Betriebsferien: Januar

Versch. Flammkuchen, Apfel- u. Zwetschgenstrudel aus eig. Herstellung
Hausmacher Vesper mit selbstgebackenem Holzofenbrot
Kleine warme Spezialitäten, Kuchen aus eigener Herstellung

Dosenwurst, Schwarzwälder Schinken
Diverse Destillate

Von Wolfach fahren Sie auf der L96 durch das Wolftal nach Bad Rippoldsau. Vor Ortsausgang Bad Rippoldsau (L96, Richtung Kniebis) 400 m hinter der Klinik, an der linken Straßenseite, etwas oberhalb vom Talgrund befindet sich die Versperstube. Siehe Skizze, Seite 37 und 43.

Der Schmidbauernhof blickt auf eine 400jährige Geschichte zurück und befindet sich in der 13. Generation in Familienbesitz.
Das heutige Hofgebäude wurde 1830 erbaut. Wo einst Kühe und Rinder untergebracht waren, ist jetzt ein Café mit Vesperstube entstanden.

12 Schmalzerhisli 739 m

Schwarzenbruch 12
77709 Oberwolfach
☎ 07834 / 16 75 - Schmalzerhisli
☎ 07834 / 83 70 - Hotel Hirschen

www.schmalzerhisli.de

1. Mai bis 31. Oktober
Samstag, Sonn- u. Feiertage von 11 bis 18:30 Uhr geöffnet
1. November bis 30. April
nur an Sonn- u. Feiertage von 11 bis 18:30 Uhr geöffnet
1. Weihnachtstag geschlossen

Durchgehend warme Küche, Kuchen aus eigener Backstube
"Dreierlei" Wurstsalat, Kartoffelsalat und Bibiliskäse
"Schmalzer Vesper" Schäufele, Schinkenspeck, Blut.- und Leberwurst

1 FeWo / 38 qm bis 3 Pers.
DZ, Wohnküche, Dusche/WC

Ab Wolfach fahren Sie in Richtung Bad Rippoldsau – Schapbach. 2 km hinter dem Ort Oberwolfach – Walke fahren Sie an der Bushaltestelle Dohlenbach links den Berg hinauf. Nach 2,5 km sehen Sie links auf der Anhöhe „Auf dem Schlegel" die Bergvesperstube Schmalzerhisli.
Siehe Skizze, Seite 43 und 93.

Gütschkopfrundweg
(Wegmarkierung: Schwarzes G auf gelbem Grund in rotem Kreis)) Schmalzerhisli – Kirchhofweg – Gütschkopfweg – Gütschkopf (Aussichtspunkt 837 m) – Schlegel – Hansjakobstein – Schmalzerhisli. Wanderzeit: 1,5 Std., Weglänge 6 km, Höhenunterschied 100 m. Der Hansjacobweg führt am Haus vorbei.

13 Strutwirt 771m

Ödenwald 1
72290 Loßburg
☎ 0176 / 92 43 90 89

www.strutwirt.com

Ruhetag: Montag
Dientag bis Samstag von 11 bis 17 Uhr
Sonn- und Feiertage von 11 bis 18 Uhr geöffnet

Lokale Gerichte mit einheimischen Zutaten
80% ökologische bzw. BIO-zertifizierte Produkte werden verwendet.
Schwäbische Maultaschen, Hausmacher Wurst,
selbstgebackener Kuchen

Von Alpirsbach kommend 450 m hinter Ortseingang Loßburg links in Richtung Schömberg. Auf der Schömberger Straße (K4777) 3,5 km zum Weiler Ödenwald. Die Hütte ist nicht anfahrbar. Parkplätze befinden sich im Weiler Ödenwald beim ehem. Hotel Adrionshof. Von dort sind es ca. 550 Meter Fußweg bis zum „Strutwirt". Siehe Skizze, rechte Seite.

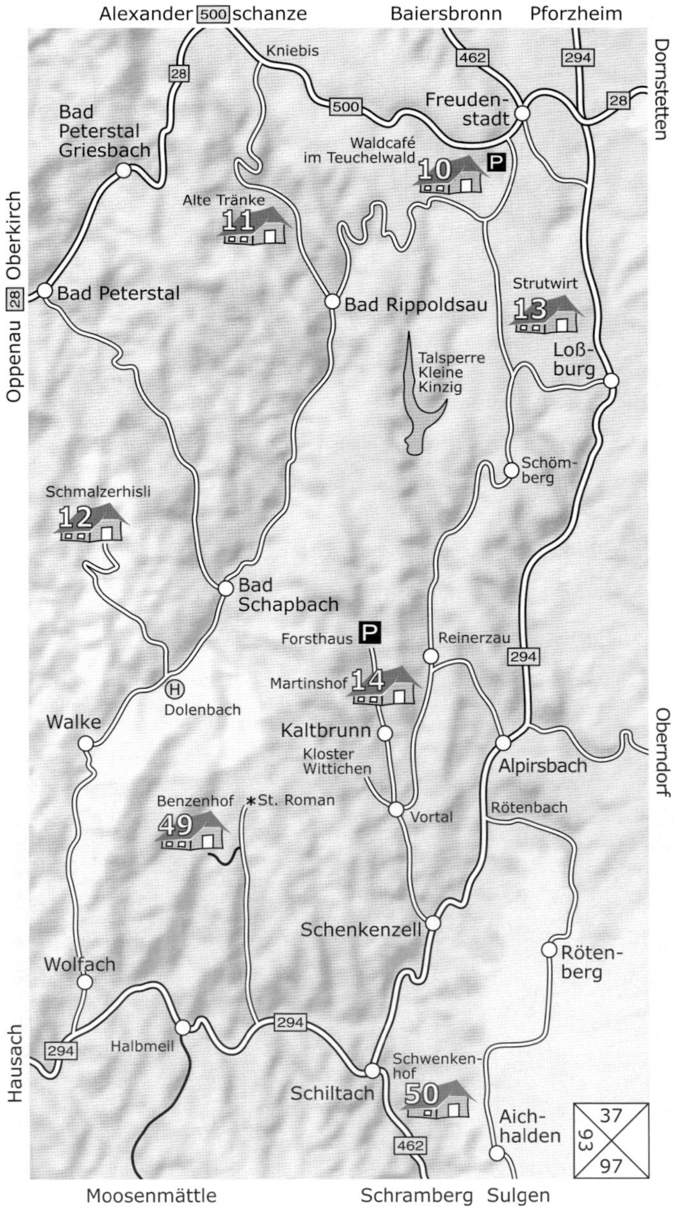
Alexander 500 schanze
Baiersbronn
Pforzheim
Dornstetten
Kniebis
462
294
28
500
Freuden-
stadt
Bad
Peterstal
Griesbach
Waldcafé
im Teuchelwald
10
P
Alte Tränke
11
Oppenau 28 Oberkirch
Bad Peterstal
Bad Rippoldsau
Strutwirt
13
Talsperre
Kleine
Kinzig
Loß-
burg
Schöm-
berg
Schmalzerhisli
12
Bad
Schapbach
Forsthaus
P
Reinerzau
294
Martinshof
14
H
Dolenbach
Walke
Kaltbrunn
Kloster
Wittichen
Alpirsbach
Oberndorf
Benzenhof
*St. Roman
49
Vortal
Rötenbach
Schenkenzell
Röten-
berg
Wolfach
294
294
Halbmeil
Hausach
Schwenken-
hof
50
Schiltach
Aich-
halden
462
37
93
97
Moosenmättle
Schramberg
Sulgen

14 Martinshof 450 m

Martinshof 46
77773 Kaltbrunn
☎ 07836 / 25 86

www.schenkenzell.de -Link: Tourismus

Januar bis April: Ruhetag: Montag und Dienstag
Mai bis Dezember: Ruhetag: Montag
Tägl. ab 10 Uhr geöffnet
Betriebsferien: November - 3 Wochen

Durchgehend warme Küche von 11:30 bis 20 Uhr
Saisonale Gerichte, Wildspezialitäten, hausgemachter Kuchen

Von Schiltach kommend fahren Sie hinter Ortseingang Schenkenzell an der ersten Abzweigung links ab Richtung Wittichen/Kaltbrunn. Anschließend 3 km auf der L405 bis zum OT Vortal. In Vortal biegen Sie 150 m hinter der Abzweigung Wittichen nach Kaltbrunn links ab – Zufahrt 2 km. Sie durchfahren Kaltbrunn und sehen bei der Kapelle / Friedhof, rechts oberhalb, die Bergwirtschaft Martinshof.
Siehe Skizze, Seite 43 und 93.

Der Kl. Hansjacobweg u. Nordic-Walking Strecke führen am Haus vorbei. Das ehemalige Klarissenkloster Wittichen (siehe Skizze, Seite 43) befindet sich im Nachbartal.
Immer am zweiten Sonntag im Oktober findet in Wittichen das Luitgartfest statt.

Vom Martinshof sind es über Kreis- und Landstraße in nördl. Richtung ca. 10 km bis zur Talsperre „KLEINE KINZIG“. Siehe Skizze, Seite 43.
In der Gaststube befindet sich eine sehenswerte Mineraliensammlung.

Besucherbergwerke im Schwarzwald

Siehe Übersichtskarten (Seite 2 - 5) von Nord nach Süd

❶ **Neuenbürg**: *Eisenerzbergwerk Frischglück*
Ende März bis Anfang November. Sa., Sonn- u. Feiertag 10 - 17.30 Uhr
Auskunft: 07082 / 7 91 00 u. www.frischglueck.de

❷ **Neubulach**: *Hist. Silberbergwerk Hetta-Glück-Stollen mit Asthma-Therapie*
April bis Oktober tägl. Mo. bis Sa. u. Sonn- u. Feiertag 10 - 16 Uhr
Auskunft: 07053 / 96 95-10 u. www.neubulach.de

❸ **Dornstetten-Hallwangen**: *Hist. Silberbergwerk Himmlisch Heer*
Mai bis Okt.: Sonntags 11 - 17 Uhr
Auskunft: Tel. 07443 / 930-0 u. www.bergwerk-hallwangen.de

❹ **Freudenstadt**: *Friedrichs-Fundgrube*
Ostern bis Oktober: Fr., Sa., Sonn- u. Feiertag 14 - 17 Uhr
Auskunft: 07441 / 864-730 u. www.freudenstadt.de

❺ **Oberwolfach**: *Grube Wenzel*
Mai bis Oktober tägl. 11 - 17 Uhr, außer Mo.
Auskunft: 07834 / 83 83-0 u. www.wolfach.de

❻ **Haslach-Schnellingen**: *Grube Segen Gottes*
Ganzjährig geöffnet
Di., Do., Sa., Sonn- u. Feiertag 13.30 u. 15.30 Uhr
Auskunft: 07832 / 706-172 u. www.gastliches-kinzigtal.de

❼ **Sexau**: *Silberbergwerk Carolinengrube*
Juli bis September jeden 2. Samstag 10 - 17 Uhr
Auskunft: 07641 / 92 68-0 u. www.sexau.de

❽ **Freiburg i. Br.**: *Museumsbergwerk Schauinsland*
1. Mai bis 1. November: Mi., Sa., Sonn- u. Feiertag
Gr. Führung (2,5 Std.) 11 u. 14 Uhr, kl. Führung (1 Std.) 11 u. 14 Uhr
Auskunft: 0761 / 2 64 68 u. www.schauinsland.de

❾ **Münstertal**: *Silberbergwerk Teufelsgrund mit Asthma-Therapie*
April bis Mitte Juni / Mitte Sept. bis Ende Okt. Di., Do., Sa. u. So. 14 - 17 Uhr
Mitte Juni bis Mitte September tägl. 14 -17 Uhr, außer Mo.
November Sa. u. So. 14 - 17 Uhr
Auskunft: 07636 / 707-0 u. www.muenstertal.de

❿ **Wieden**: *Besucherbergwerk Finstergrund*
Mai bis Oktober Mi., Sa., Sonn- u. Feiertag 10 - 16 Uhr
Auskunft: 07673 / 70 41 u. www.finstergrund.de

⓫ **Todtmoos**: *Hoffnungsstollen*
Mai bis Oktober Mi., Sa., Sonn- u. Feiertag 14 - 17 Uhr
Auskunft: 07674 / 90 60-0 u. www.todtmoos.de

- Alle Angaben ohne Gewähr -

15 Herbstwasen Am Wiesensteig 650 m

Wilde Rench 68 www.herbstwasen.de
77740 Bad Peterstal - Griesbach
☎ 07806 / 627

Ruhetag: Mittwoch
Donnerstag bis Dienstag täglich ab 11 Uhr geöffnet
Betriebsferien: 1. bis 15. Dezember

Durchgehend warme Küche
Wildgerichte, eigene Konditoreierzeugnisse

2 Einzel- u. 15 Doppelzimmer,
alle Zimmer mit Dusche/WC und Balkon

Von Bad Peterstal kommend fahren Sie in Bad Griesbach am Hotel Adlerbad von der Hauptstraße (B28) links ab. Sie durchfahren das Wilde Renchtal und erreichen nach 3 km die Berggasthaus Herbstwasen. Siehe Skizze, rechte Seite und Seite 37.

TIPP Von der Schwarzwaldhochstraße (B500, Abzweigung Zuflucht) in Richtung Oppenau. Nach 1,6 km an der scharfen Rechtskurve (Hws.) geradeaus auf Schotter- und Waldweg. Anschließend 3 km talwärts zum asphaltierten Quersträßchen. Hier links (rechts [17] Zum Breitenberg, Zufahrt s. d.) talwärts und nach 2 km, Quersträßchen, links bergwärts zum Berggasthaus Herbstwasen.

Direkt am Premium-Rundwanderweg „Wiesensteig" gelegen. Mountainbike- und Nordic-Walking-Strecken in unmittelbarer Nähe. Zum Westweg 2,5 km. Im Winter bis zur Renchtalloipe gespurt.

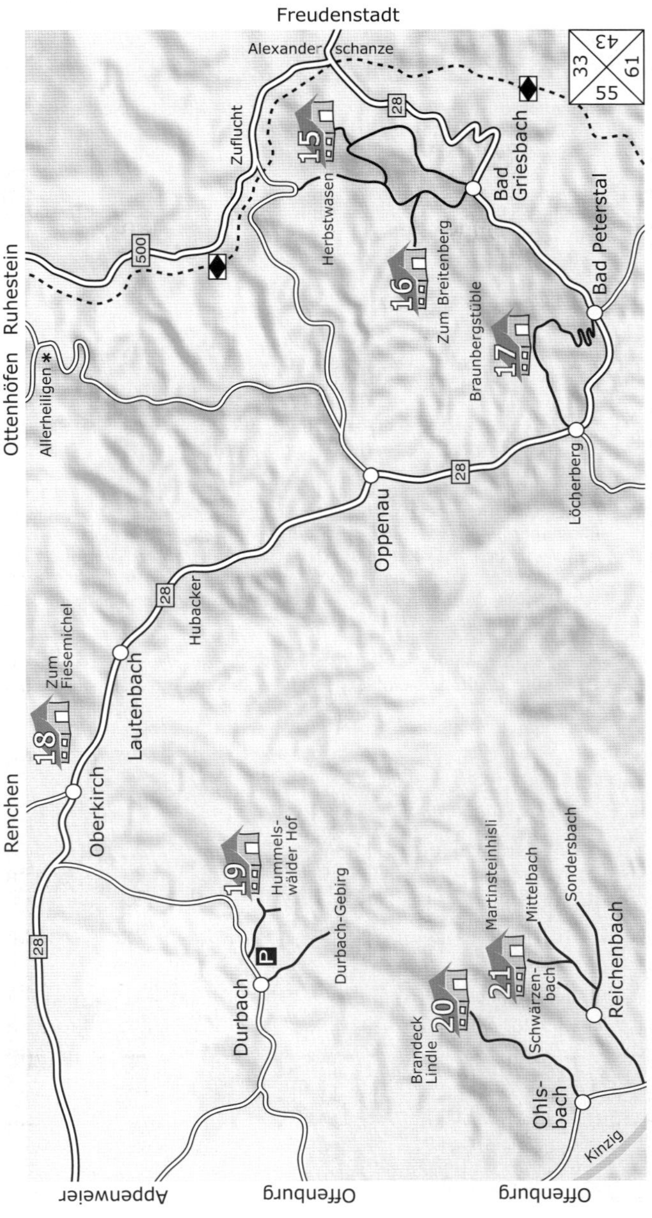
Freudenstadt
Alexanderschanze
Zuflucht
500
28
15
16
17
18
19
20
21
Herbstwasen
Bad Griesbach
Zum Breitenberg
Braunbergstüble
Bad Peterstal
Schapbach
Ruhestein
Ottenhöfen
Allerheiligen *
Oppenau
Löcherberg
Oberharmersbach
Hubacker
Zum Fiesemichel
Lautenbach
Renchen
Oberkirch
Hummels-wälder Hof
Durbach-Gebirg
Durbach
P
Martinsteinhisli
Mittelbach
Sondersbach
Schwärzen-bach
Reichenbach
Brandeck Lindle
Ohls-bach
Gengenbach
Kinzig
Appenweier
Offenburg
Offenburg
33
43
61
55

16 Zum Breitenberg 650 m

Breitenberg 9
77740 Bad Peterstal-Griesbach
☎ 07806 / 636

www.zumbreitenberg.de

Ruhetag: Dienstag
Montag, Mittwoch bis Sonn- und Feiertage
von 14 bis 18 Uhr geöffnet
Betriebsferien: Nach Allerheiligen bis Mitte Dezember

Vesper warm und kalt
Selbstgebackener Kuchen

2 EZ, 7 DZ (Nichtraucherzimmer und FeWo)
alle Zimmer mit Dusche/WC und Balkon

1 FeWo bis 2 Pers., 1 Schlafzi., Wohnzi., Küche, Dusche/WC, Balkon
1 FeWo bis 3 Pers., 2 Schlafzi., Wohnzi., Küche, Dusche/WC, Balkon

Von Bad Peterstal fahren Sie auf der B28 nach Bad Peterstal-Griesbach. Hinter Ortseingang Bad Griesbach biegen Sie die erste Straße (Hws. Breitenberg) links ab. Sie folgen dem Wegweiser „Breitenberg" und fahren 2,2 km bergwärts bis auf die Anhöhe. Hier fahren Sie geradeaus (Beschreibung, siehe Tipp) und erreichen nach 200 m die Bergwirtschaft Zum Breitenberg mit neuem Hausanbau im Blockhausstil „Imhütte". Siehe Skizze, Seite 37 und 47.

TIPP Ab der Einmündung (siehe Zufahrt) 1,2 km bergwärts bis zur Abzweigung. Halblinks auf Schotterweg bergwärts nach Zuflucht-Schwarzwaldhochstraße, geradeaus talwärts ins Renchtal. Weiterführende Beschreibung, siehe TIPP [15] Herbstwasen.

17 Braunbergstüble

Am Peterstaler Schwarzwaldsteig 600 m

Braunberg 2
77728 Oppenau-Löcherberg
☎ 07806 / 541

www.braunbergstueble.de

Ruhetag: Montag
Täglich ab 9 Uhr geöffnet
Barrierefreier Zugang, Behinderten WC
Betriebsferien: Ende November bis Mitte Dezember

Durchgehend warme Küche
Eigene Hausschlachtung und selbstgebrannter Schnaps
Selbstgebackene Kuchen

3 DZ; alle Zimmer mit Dusche/WC

FeWo 1 / 75 qm *** 2 bis 4 Pers. - 2 DZ, Wohnküche, Dusche/WC
FeWo 2 / 90 qm **** 2 bis 3 Pers. - 1 DZ, 1 EZ, Wohnzimmer, Küche, Bad, Dusche u. WC

Sie fahren von Oppenau auf der B28 in Richtung Bad Peterstal. Am Ortseingang von Löcherberg biegen Sie links ab in die Braunbergstraße. Ab hier folgen Sie dem Hws. Braunbergstüble und erreichen nach 2,8 km die Bergwirtschaft Braunbergstüble.
Siehe Skizze, Seite 47.

Direkt am 11 km langen, zertifizierten Rundwanderweg „Peterstaler Schwarzwaldsteig" gelegen. Am Haus führt eine Mountain-Bike Strecke vorbei. Überdachte Panoramaterrasse.

18 Zum Fiesemichel 565m

Spitzenbergstraße 22
77794 Lautenbach
☎ 07802 / 59 91

www.fiesemichel.de

1. April bis Mitte November
Ruhetag: Montag und Dienstag
Mittwoch bis Freitag ab 12 Uhr,
Samstag, Sonn- und Feiertage ab 11 Uhr geöffnet

Durchgehend warme Küche bis 20 Uhr (sonntags bis 19.30 Uhr)
„Suuri Buhne“ mit Speck, „Dummies mit Apfelmus“
Deftiger Wurstsalat, Apfelmost aus eigener Landwirtschaft

Von Oberkirch fahren Sie auf der B28 in Richtung Bad Peterstal. 600 m hinter Oberkich (BfT Tankstelle) sehen Sie an der rechten Straßenseite ein großes Hinweisschild „Zum Fiesemichel“. Hier biegen Sie links ab (Hinter-Winterbach) und fahren zuerst auf ebenem Sträßchen ins Hintertal und anschließend bergwärts zum Fiesemichelhof. Die Zufahrt ist ab der B28 durchgehend beschildert, 4,5 km. Siehe Skizze, Seite 47.

Der Stammhof lag etwas unterhalb und erst nach der Hofteilung (1850) baute Fidel Fies hier oben nach alten Prinzipien ein sogenanntes Ständerbohlenhaus dessen Ursprünglichkeit heute noch voll erhalten ist. Die leicht gewölbten Decken in den heutigen Gasträumen, ehem. Wohn- und Schlafstube, erinnern uns an die Vergangenheit. Gewirtet wird seit 1998.

19 Hummelswälder Hof 390 m

Weintalstr. 37
77704 Bottenau b. Oberkirch
☎ 07802 / 9 18 94

www.hummelswaelder-hof.de

Kein Ruhetag
Montag bis Freitag ab 11:30 Uhr
Samstag, Sonn- und Feiertage ab 11 Uhr geöffnet

Durchgehend warme Küche
Gutbürgerliche Gerichte, Hausmacher Vesper und 1/2 Hähnchen
Weine aus eigenem An- und Ausbau

Von Durbach fahren Sie auf der Badischen Weinstraße in Richtung Oberkirch. 800 m hinter Durbach biegen Sie auf der Anhöhe, an der Brandstetter Kapelle rechts ab. Sie fahren durch den kleinen Wald und erreichen nach weiteren 400 m die Bergvesperstube Hummelswälder Hof. Siehe Skizze, Seite 47.

Ab Hummelswälder Hof zum Aussichtsturm Geigerskopf, Fußweg ca. 35 Min.

Vom Bergkamm schöne Aussicht über Weinberge, links in das Bottenautal und rechts in das Durbachtal.

Schloss Staufenberg - Durbach

37 Aussichtstürme im Schwarzwald

	Aussichtsturm	Ort	Höhenlage	Turmhöhe
NORDSCHWARZWALD	Büchenbronner Höhe Turm	Neuenbürg	608 m	25 m
	Fremersbergturm	Baden-Baden	525 m	30 m
	Friedrichsturm (Badener Höhe)	Baden-Baden	1.003 m	34 m
	Hornisgrindeturm	Seebach	1.164 m	23 m
	Kaiser-Wilhelm Turm (Hohloh)	Gernsbach -Kaltenbronn	984 m	22 m
	Mahlbergturm (Karlsruher Turm)	Gaggenau	613 m	25 m
	Mehliskopfturm	Bühlertal	1.009 m	20 m
	Merkurturm	Baden-Baden	668 m	23 m
	Teufelsmühle Turm	Loffenau	908 m	15 m
MITTLERER SCHWARZWALD	Brandeckturm	Olsbach	686 m	17 m
	Brandenkopfturm	Oberh.bach	945 m	32 m
	Eichbergturm	Emmendingen	369 m	49 m
	Fohrenbühlturm (Mooswaldkopf)	Schramberg	879 m	35 m
	Geigerskopfturm	Oberkirch	435 m	20 m
	Habererturm	Bad Peterstal-Griesbach	691 m	20 m
	Herzog Friedrichturm	Freudenstadt	799 m	25 m
	Hünersedelturm	Freiamt	744 m	28 m
	König-Wilhelm-Turm	Baiersbronn	755 m	16 m
	Mooskopfturm	Oppenau	875 m	21 m
	Teisenkopfturm	Schenkenzell	764 m	8 m
	Vogteiturm	Loßburg-Rodt	739 m	31 m
SÜDSCHWARZWALD	Blauen Turm	Müllheim	1.165 m	15 m
	Brendturm	Furtwangen	1.149 m	17 m
	Eugen-Keidel-Turm	Schauinsland	1.283 m	22 m
	Feldbergturm	Feldberg Schwarzw.	1.493 m	40 m
	Gugelturm	Herrischried	907 m	30 m
	Hochfirstturm	Titisee-Neustadt	1.190 m	28 m
	Hochkopfturm	Todtmoos	1.263 m	17 m
	Hohe Möhr	Raitbach	983 m	33 m
	Kastellbergturm	Sulzburg	440 m	11 m
	Lehenkopfturm	St. Blasien	1.039 m	46 m
	Riesenbühlturm	Schluchsee	1.097 m	30 m
	Rosskopfturm	Freiburg i. Br.	737 m	27 m
	Rothaus-Zäpfle-Turm	Höchenschwand	1.010 m	42 m
	Schlossbergturm	Freiburg i. Br.	435 m	30 m
	Stöcklewaldturm	Furtwangen-Rohrbach	1.069 m	25 m
	Vitibuck	Waldshut-Tiengen	458 m	37 m

Die Auflistung ist eine kleine Auswahl und erhebt daher nicht den Anspruch der Vollständigkeit. Alle Angaben ohne Gewähr.

20 Brandeck-Lindle 518 m

Hinterohlsbach 11
77797 Ohlsbach
☎ 07803 / 92 22 46

www.brandeck-lindle.de

Ruhetag: Dienstag und Mittwoch
– zusätzlich Donnerstag von Weihnachten bis Ostern –
Montag, Donnerstag bis Sonn- und Feiertage
Täglich ab 11 Uhr geöffnet

Durchgehend warme Küche, wechselnde Tagesessen
Pfannenschnitzel, saftige Steaks, Wurstsalat mit Bibiliskäs und Brägele
Hausgemachter Kuchen

Von Offenburg kommend fahren Sie in Ohlsbach am Rathaus, beim Ohlsbach links in die Dorfstraße. Sie durchfahren Ohlsbach auf der Dorfstraße bis ins Hintertal. Ab Ortsausgang fahren Sie parallel zum Ohlsbach 3 km bergwärts bis ans Ende des Sträßchens, direkt zur Bergvesperstube Brandeck-Lindle. Siehe Skizze, rechte Seite und Seite 47..

Das Brandeck-Lindle erreichen Sie von Ohlsbach – Ortenberg – Durbach-Zell-Weierbach in 1,5 Std. Wanderzeit. Zum Mooskopfturm sind es 4 Std. Ein Rundweg zum Brandeckturm dauert etwa 2 Std.

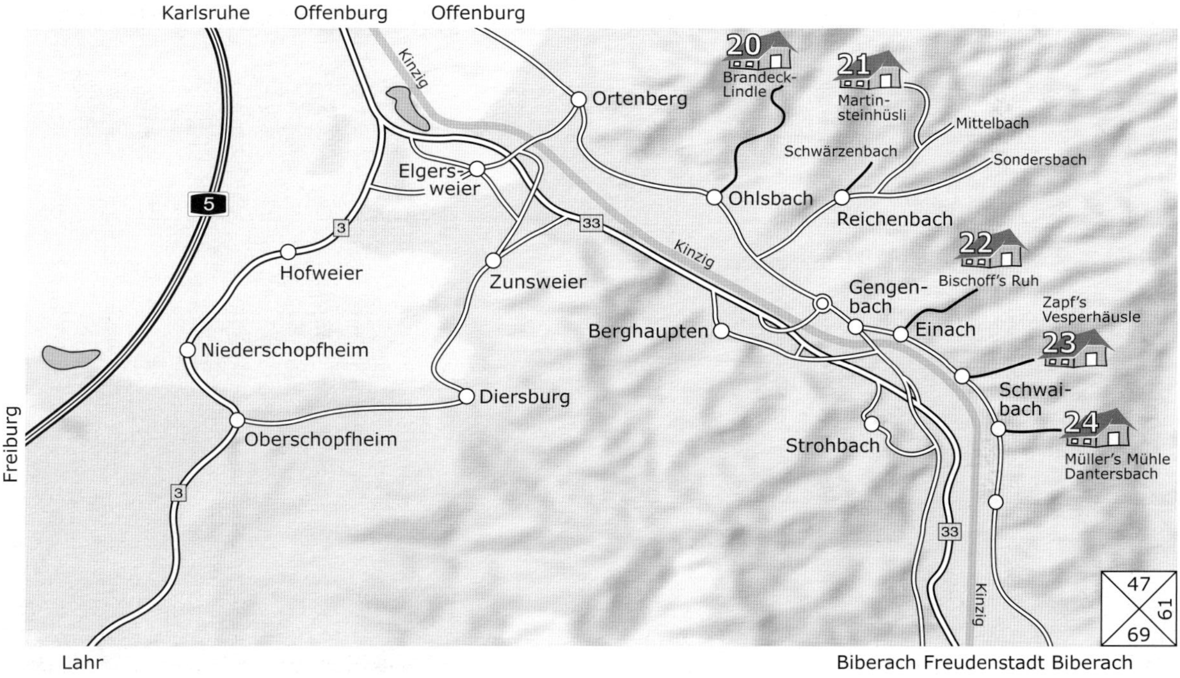
Karlsruhe
Offenburg
Offenburg
Kinzig
Ortenberg
20
Brandeck-
Lindle
21
Martin-
steinhüsli
Mittelbach
Schwärzenbach
Sondersbach
Elgers-
weier
5
Ohlsbach
Reichenbach
33
3
Kinzig
22
Bischoff's Ruh
Hofweier
Zunsweier
Gengen-
bach
Zapf's
Vesperhäusle
Berghaupten
Einach
Niederschopfheim
23
Diersburg
Schwai-
bach
Oberschopfheim
24
Strohbach
Müller's Mühle
Dantersbach
Freiburg
3
33
47
61
69
Kinzig
Lahr
Biberach
Freudenstadt
Biberach

21 Martinsteinhiesli 350 m

Mittelbach 7
77723 Reichenbach b. Gengenbach
☎ 07803 / 26 27

www.martinsteinhiesli.de

März bis Oktober: Ruhetag: Montag und Dienstag
Mittwoch bis Freitag ab 14 Uhr
Samstag ab 13 Uhr, Sonn- und Feiertag ab 11 Uhr geöffnet
November bis Februar: Ruhetag: Montag, Dienstag und Mittwoch
Donnerstag und Freitag ab 17 Uhr,
Samstag ab 13 Uhr, Sonn- und Feiertag ab 11 Uhr geöffnet

Durchgehend warme Küche
Mittwoch – Samstag bis 20:30 Uhr, Sonn- und Feiertag bis 19:30 Uhr
Rumpsteak, Schnitzel mit Pommes, Vesper mit Holzofenbrot aus eig. Herstellung, Kuchen
November / Dezember: Wildgerichte aus eigener Jagd und Gehege

Dosenwurst, Schwarzwälder Schinken, div. Schnäpse und Most, alles aus eigener Herstellung

Von Gengenbach (L99) kommend durchfahren Sie am Ortsende den Kreisverkehr geradeaus in Richtung Offenburg. Hinter dem Kreisverkehr (300 m) biegen Sie nach Reichenbach rechts ab. Sie durchfahren das Reichenbachtal bis Reichenbach. Dort, vor Ortsende, an der Wegkreuzung links ins Mittelbachtal. Anschließend 1,4 km bis zur Abzweigung Martinsteinhiesli. Hier links bergwärts durch den Wald. Sie erreichen nach 1,1 km die Bergvesperstube Martinsteinhiesli. Siehe Skizze, S.47 u. S. 55.

Barrierefreier Zugang über Terrasse, Behinderten WC – Euro WC Schlüssel

22 Bischoff's Ruh 204 m

Oberer Hüttersbacher Weg 3
77723 Gengenbach
☎ 07803 / 27 59

www.bischoffsruh.de

Ruhetag: Montag
Dienstag bis Sonntag und Feiertage tägl. ab 10 Uhr geöffnet
2. November bis 24. Dezember
nur Samstag, Sonn- und Feiertage ab 10 Uhr geöffnet

Nur Vesperkarte, Flammenkuchen
Selbstgemachter Kuchen, Hausschlachtung
1. April bis 31. Oktober: jeden Freitag ab 12 Uhr: Brägeletag „satt", Bratkartoffeln mit Beilage

5 DZ und 1 EZ
alle Zimmer mit Dusche / WC

1 FeWo für 2 bis 4 Personen
Küche, Wohnzimmer, Schlafzimmer, Dusche, Bad und WC

Ab Gengenbach - Kinzigtor fahren Sie auf der Einachstraße parallel zur Bahnlinie in Richtung Biberach. 150 m hinter der Bushaltestelle Einach biegen Sie links ab in den Oberer Hüttersbacher Weg. Ab hier fahren Sie leicht bergauf und erreichen nach 1,3 km die Vesperstube Bischoff's Ruh. Siehe Skizze, Seite 55.

Der Tälerpfad führt durch die kleinen Seitentäler an der Westseite des Kinzigtals von Gengenbach nach Biberach. Gesamtlänge 16 km. Ausgangspunkt: Gengenbach Parkplatz Schneckenmatt/ Kinzigtor (an der Straße nach Schwaibach). Streckenlänge 5 km bis Bischoff's Ruh.

23 Zapf's Vesperhäusle 250 m

Schwaibachtal 19
77723 Gengenbach - Schwaibach
☎ 07803 / 92 93 48

www.ferienhof-zapf.de

Mitte März bis November
Ruhetag: Montag und Dienstag
Mittwoch bis Samstag ab 16 Uhr,
Sonn- und Feiertage ab 12 Uhr geöffnet

Badischer Wurstsalat mit Brägele
Fleisch- und Wurstwaren vom eigenen Grünlandbauernhof

Verkauf von landwirtschaftlichen Erzeugnissen

5 FeWo im Bauern- und Ferienhaus
für 2-7 Personen von 50 bis 95 qm

Ab Gengenbach - Kinzigtor (Bahnschranke) fahren Sie auf der Einachstraße, später Kinzigstraße, parallel zur Bahnlinie in Richtung Schwaibach. Im OT Schwaibach am Hws. Zapf's Vesperhäusle biegen Sie links ab. Anschliessend 650 m bergwärts durch das Schwaibachtal zum Zapf's Vesperhäusle an der linken Straßenseite. Siehe Skizze, Seite 55.

Oberhalb Zapf's Vesperhäusle Zugang zum Tälerpfad (70 m). Der Tälerpfad führt durch die kleinen Seitentäler an der Westseite des Kinzigtals von Gengenbach nach Biberach. Gesamtlänge 16 km.

24 Müller's Mühle 240m

Dantersbach 5
77723 Gengenbach-Schwaibach
☎ 07803 / 27 95

www.vesper-muehle.de

1. April bis 31. Oktober
Ruhetag: Montag, Dienstag und Donnerstag
Mittwoch und Freitag ab 16 Uhr,
Samstag ab 14 Uhr, Sonn- und Feiertage ab 11 Uhr geöffnet
1. November bis 31. März
Ruhetag: Montag bis Freitag
Samstag ab 14 Uhr, Sonntag ab 11 Uhr geöffnet

Hausmacher Vesper, Zwiebelkuchen
Hausschlachtung, eigener Most

Für Gruppen ab 6 Personen (Voranmeldung)
4 Mehrbettzimmer, 1 Zi. bis 8 Pers., 1 Zi. bis 7 Pers., 2 Zi. bis 4 Pers.
WC und Dusche auf der Etage.

Ab Gengenbach – Kinzigtor fahren Sie auf der Einachstraße / Kinzigstraße parallel zur Bahnlinie in Richtung Biberach. An der Bushaltestelle Schwaibach – Rathaus (Hws. Zur Mühle) biegen Sie in das Seitental Dantersbach links ab. Sie fahren 300 m leicht bergauf und stellen Ihr Fahrzeug links auf den Parkplatz ab und gehen die letzten 100 m zu Fuß zur Müller's Mühle. Siehe Skizze, Seite 55.

Oberhalb Müller's Mühle Zugang zum Tälerpfad. Der Tälerpfad führt durch die kleinen Seitentäler an der Westseite des Kinzigtals von Gengenbach nach Biberach. Gesamtlänge 16 km.

25 Heidenbühl Strausse 398m

Heidenbühl 2 www.heidenbuehl-hof.de
77787 Nordrach
☎ 07838 / 663

Saison jährlich variabel
Frühjahr: Mitte Mai bis Mitte August
Herbst: Anfang September bis Anfang Oktober
(Genaue Öffnungszeiten über Internet bzw. telefonisch erfragen.

Ruhetag: Montag bis Donnerstag
Freitag ab 14 Uhr
Samstag, Sonn- u. Feiertage ab 11 Uhr geöffnet

Aromatische Kräuterquiche, Kräuterkäsesüppchen
Hausgemachte Kuchen und andere Leckereien
Cocktail mit Edelbränden, Pralinen aus eigener Herstellung

Fleisch / Wurstwaren von Landwirten und Metzgern aus der Region
Hofladen, Kräutergarten

Richtung Nordrach - Kolonie. 800 m hinter Nordrach bei der Bushaltestelle Bürstenfabrik, am Hinweisschild Destille – Strausse – Hofladen, links steil den Berg hinauf. Nach 400 m, schmaler Wirtschaftsweg (Vorsicht), erreichen Sie die Vesperstube Heidenbühl.
Siehe Skizze, rechte Seite.

Am Nordracher Obstbrennerweg gelegen

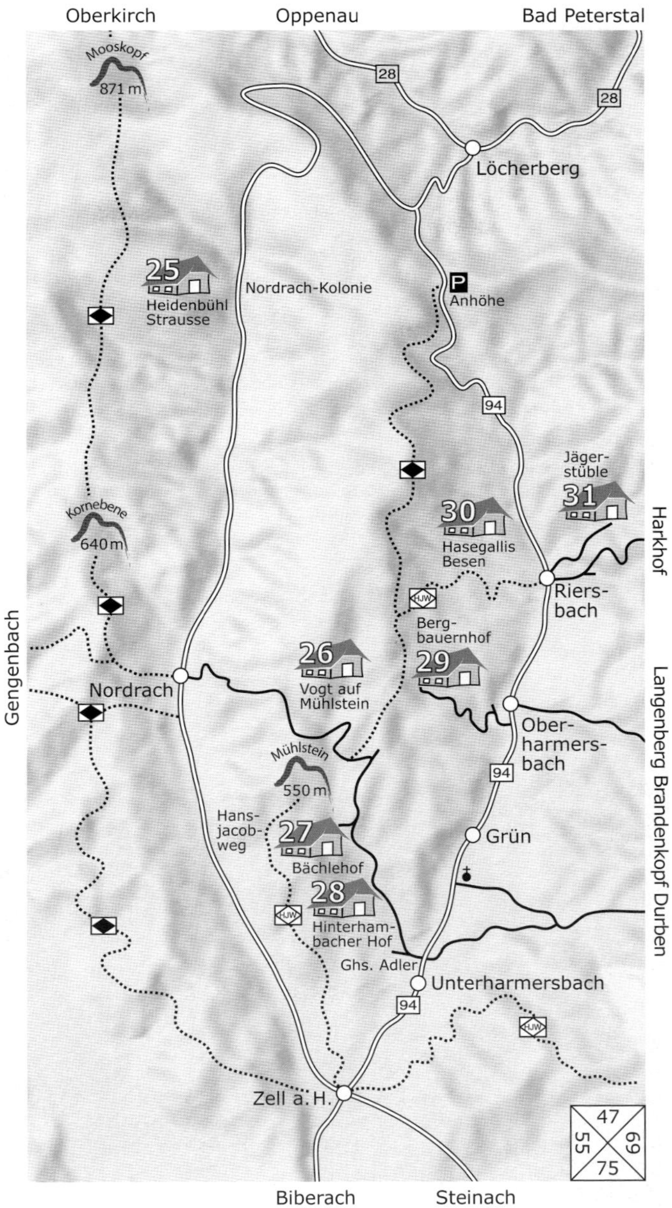

Oberkirch
Oppenau
Bad Peterstal
Mooskopf
871 m
28
28
Löcherberg
25
Heidenbühl
Strausse
Nordrach-Kolonie
P
Anhöhe
94
Jäger-
stüble
31
30
Hasegallis
Besen
Harkhof
Kornebene
640 m
HJW
Riers-
bach
Gengenbach
Berg-
bauernhof
26
29
Nordrach
Vogt auf
Mühlstein
Langenberg Brandenkopf Durben
Ober-
harmers-
bach
Mühlstein
550 m
94
Hans-
jacob-
weg
27
Grün
Bächlehof
28
HJW
Hinterham-
bacher Hof
Ghs. Adler
Unterharmersbach
94
HJW
Zell a. H.
47
55
69
75
Biberach
Steinach

26 Vogt auf Mühlstein 544 m

Mühlstein 1
77787 Nordrach
☎ 07838 / 955 94 10

www.vogt-auf-mühlstein.de

Ruhetag: Montag und Dienstag
Mittwoch bis Sonn- u. Feiertage tägl. ab 11 Uhr geöffnet

Kartoffelsüppchen mit gebratenem Speck, Mühlstein-Vesperplatte
Täglich wechselndes Tagesessen und hausgem. Kuchen oder Torten

Von Zell a.H. kommend fahren Sie in Nordrach hinter dem Sportplatz rechts in die Huberhofstraße (Verbin-dungssträßchen Nordrach <> Unterharmersbach). Von hier 3 km bergwärts durch den Wald bis zur Anhöhe Mühlstein. Die Bergvesperstube „Vogt auf Mühlstein" sehen Sie links hinter der Bergkuppe. Siehe Skizze, Seite 61.

1774 wurde der Hof durch den Vogt auf Mühlstein, Anton Muser wieder aufgebaut und zeigt das heutige Ensemble. 1903 erhielt der Hof eine schöne Kapelle die 20 m vom Hof errichtet wurde und im Jahr 1906 wurde die Gaststätte eröffnet.

27 Bächle Hof 413 m

Schottenhöfen 5
77787 Nordrach
☎ 07838 / 354

Kein Ruhetag
Montag ab 15 Uhr,
Dienstag bis Freitag ab 13 Uhr,
Samstag, Sonn- und Feiertage ab 12 Uhr geöffnet

Durchgehend warme Küche
Bauernbratwurst und Schinkeneier
Vesper warm und kalt

Von Zell a.H. in Richtung Oberharmersbach. Im Stadtteil Unterharmersbach am Fachwerkhaus (ehem. Ghs. Schwarzer Adler) von der Hauptstraße links in Richtung Mühlstein (Verbindungssträßchen Unterharmersbach <> Nordrach). Nach 2,8 km fahren Sie an der Abzweigung Sodlach vorbei und erreichen nach weiteren 500 m die Zufahrt zur Bergvesperstube Bächle Hof (Hws.). Hier fahren Sie links, 300 m den Berg hinauf, direkt zum Bächle-Hof. Siehe Skizze, Seite 61.

28 Hinterhambacher Hof 329 m

Hinterhambach 11
77736 Zell-Unterharmersbach
☎ 07835 / 54 98 30

www.oberburehof.de

Öffnungszeiten - jährlich variabel
Frühjahr: 1. Mai bis Ende Juni
Herbst: Anfang August bis Anfang Oktober

Ruhetag: Montag
Dienstag bis Samstag ab 16 Uhr
Sonn- u. Feiertage ab 12 Uhr geöffnet

Flammenkuchen, Bauernvesper
hausgemachte Kuchen, Apfelmost aus eigenem Anbau

1 FeWo 100 qm, ab 2 bis 4 Pers.
1 Ferienhaus 120 qm, ab 2 bis 10 Pers.

Von Zell a.H. in Richtung Oberharmersbach. Im Stadtteil Unterharmersbach, am Fachwerkhaus (ehem. Ghs. Schwarzer Adler) von der Hauptstraße links in Richtung Mühlstein (Verbindungssträßchen Unterharmersbach <> Nordrach). Anschließend rechts „Hinterhambach" und 1,1 km weiter bis zur Abzweigung Hinterhambacher Besen (Hws.). Hier links und nach 250 m erreichen Sie den Oberburehof „Hinterhambacher Hof". Siehe Skizze, Seite 61.

29 Bergbauernhof 470 m

Im Berg 1
77784 Oberharmersbach
☎ 07837 / 849

www.bergbauernhof-lehmann.de

Ruhetag: Dienstag
Montag, Mittwoch bis Sonntag täglich durchgehend geöffnet

Küchenzeit von 11:30 bis 18 Uhr
Fleischküchle (Frikadelle), Bratwurst, Schnitzel und Schäufele jeweils mit Brägeli (Bratkartoffeln)

7 FeWo für 2 bis 4 Personen
Alle Wohnungen mit Dusche u. WC

Von Zell a. H. kommend fahren Sie am Ortseingang Oberharmersbach an der Verkehrsinsel links über die kleine Brücke. Nach 250 m fahren Sie links den Berg hinauf und erreichen nach weiteren 1,5 km, steile Zufahrt, die Bergvesperstube Bergbauernhof.
Siehe Skizze, Seite 61 und. 69.

Premiumrundweg: Hahn und Henne Runde – 14 Km – Von Zell a.H. auf der – L94 – in Richtung Bad Peterstal. Im OT-Unterharmersbach am Fachwerkhaus (ehem. Ghs. Schwarzer Adler) von der Durchgangstraße L94 links ab. Start ist beim Wanderparkplatz Schwarzer Adler in Zell-Unterharmersbach. Ab hier wandern Sie über Wassertretstelle – Jägereckle – Höllhaken – Sodlach zum Bergbauernhof. Wanderzeit: 1:30 Std. – 3,7 Km.

Tourenplan bei der Touristinformation Zell a. H. bzw. über das Internet.

30 Hasegallis Besen 450 m

Engelberg 12
77784 Oberharmersbach
☎ 07837 / 871

www.hasegallis-besenwirtschaft.de

Öffnungszeiten - jährlich variabel
Frühjahr: Ende April bis Mitte Juni
Herbst: Anfang August bis Anfang Oktober

Kein Ruhetag
Montag bis Freitag ab 16 Uhr
Samstag ab 13 Uhr, Sonn- u. Feiertage ab 11 Uhr geöffnet

Heiße Bratwürste mit Zwiebeln und Brot
Geräucherter Schinkenspeck, geräucherte Bratwürste
Holzofenbrot nach alt überlieferter Tradition
Frisch gebackener Kuchen mit Kaffee

Von Zell a.H. kommend durchfahren Sie Oberharmersbach auf der Hauptstraße. 950 m hinter der Kirche von der Hauptstraße links in die Straße „Engelberg" (Hws) einbiegen. Nach weiteren 100 m rechts und anschließend 1,2 km bergwärts durch den Wald bis zu Hasegallis Besen, auf der Anhöhe. Die Zufahrt ist ausgeschildert.
Siehe Skizze, Seite 61 und 69.

Sei rein im Lied und treu

31 Jägerstüble Oberharmersbach 460 m

Holdersbach 31
77784 Oberharmersbach
☎ 07837 / 840

www.jaegerstueble-oberharmersbach.de

Ruhetag: Montag
Ist Montag ein Feiertag, dann ist Mittwoch geschlossen
Dienstag bis Sonn- und Feiertag täglich ab 10 Uhr geöffnet

Durchgehend warme Küche
Täglich von 11:30 bis 20.30 Uhr, Sonn- und Feiertag bis 20 Uhr
Gutbürgerliche Gerichte, Rumpsteak mit Bratkartoffeln
Jägerschnitzel mit hausgemachten Spätzle
Spezialitätenwochen (siehe Homepage unter Aktuelles)

1 EZ und 3 DZ
alle Zimmer mit Dusche/WC, TV und Balkon

Von Zell a.H. kommend durchfahren Sie Oberharmersbach (ab Kirche, 2 km) auf der Hauptstraße in Richtung Bad Peterstal. 200 m hinter der Tankstelle / Subaru-Autovertretung fahren Sie von der Straße „Obertal" (Hauptstraße) rechts in die Straße „Holdersbach" und anschließend 2,3 km bergwärts zur Bergwirtschaft Jägerstüble.
Siehe Skizze, rechte Seite und Seite 61.

Unterhalb vom Westweg gelegen
Pt. Am Jägerbrünnele zum Pt. Wattereck: Hier Abstieg zum Jägerstüble im Holdersbachtal.

Schöne Aussicht auf die umliegenden Wiesen und Wälder sowie das benachbarte Wildgehege.

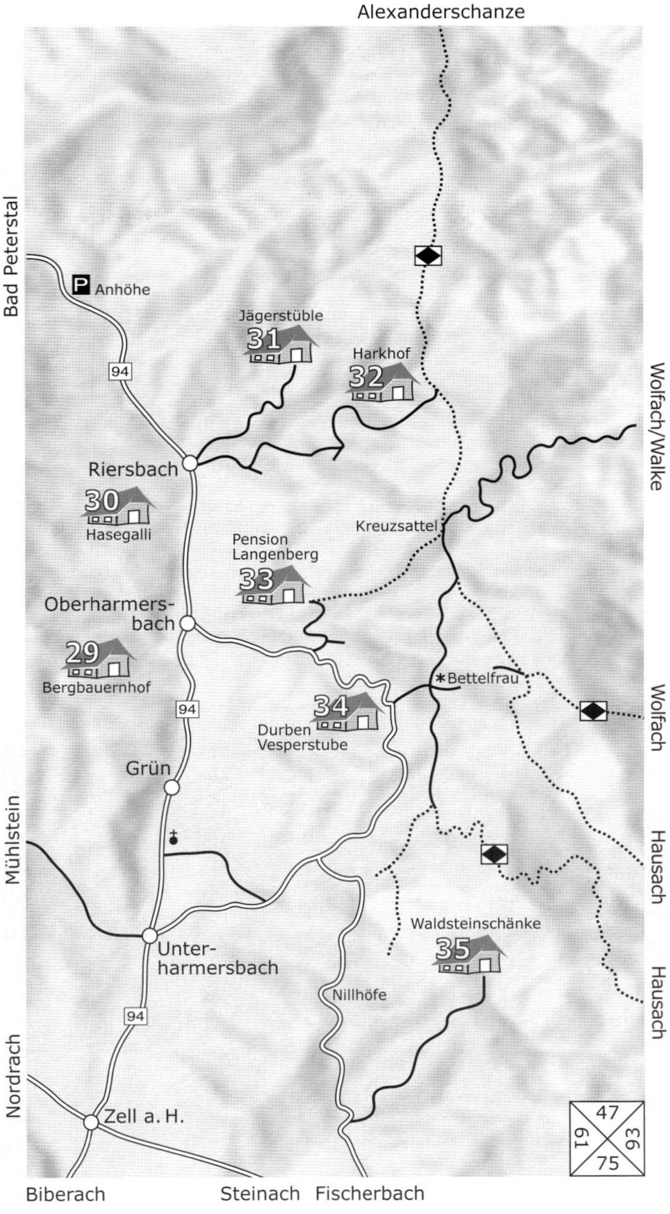

Alexanderschanze
Bad Peterstal
Anhöhe
Jägerstüble
31
Harkhof
32
94
Wolfach/Walke
Riersbach
30
Hasegalli
Kreuzsattel
Pension
Langenberg
33
Oberharmers-
bach
29
Bergbauernhof
Bettelfrau
34
Durben
Vesperstube
94
Wolfach
Grün
Mühlstein
Hausach
Waldsteinschänke
35
Unter-
harmersbach
Hausach
Nillhöfe
94
Nordrach
Zell a. H.
47
61
93
75
Biberach
Steinach
Fischerbach

32 Harkhof

700 m

Hark 1
77784 Oberharmersbach
☎ 07837 / 835

www.harkhof.de

Ruhetag: Montag (außer feiertags)
Täglich ab 10 Uhr geöffnet

Durchgehend warme Küche
Vesper mit Holzofenbrot, Hausschlachtung und Hausbrennerei

Selbstgebrannte Schnäpse, Holzofenbrot, Butter und Frischkäse sowie Wurst, Speck und Schinken aus eigener Herstellung

2 EZ / 1 DZ mit Beistellbett, 3 Dreibettzimmer (auch als DZ buchbar)
Alle Zimmer mit Dusche / WC
Mehrbettschlafraum 2 x 6 Personen und 2 x 10 Personen
Waschräume mit Dusche / WC vorhanden
Alle Zimmer wurden 2013 neu renoviert.

1 FeWo für 2 bis 6 Personen im Nebengebäude
2 Schlafzimmer, Wohnzimmer, Küche, Du/Bad/WC, Sat/TV, Balkon

Von Zell a.H. kommend durchfahren Sie Oberharmersbach (ab Kirche, 1,8 km) auf der Hauptstraße in Richtung Bad Peterstal. An der BfT-Tankstelle fahren Sie von der Straße „Obertal“ (Hauptstraße) rechts in die Straße „Riersbach“ und anschließend 4,5 km bergwärts bis auf die Anhöhe Hark zur Bergvesperstube Harkhof. Siehe Skizze, Seite 69.

Gelegen am Westweg Pforzheim – Basel • Querweg Gengenbach – Alpirsbach • Mitteleuropäischer Fernwanderweg Nordsee - Bodensee.

33 Langenberg 590 m

Langenberg 2
77784 Oberharmersbach
☎ 07837 / 750

www.vesperstube-langenberg.de

Ruhetag: Dienstag
Täglich ab 10 Uhr geöffnet

Durchgehend warme Küche
Gutbürgerliche Gerichte, Bauernvesper

Kirschwasser und Obstler aus eigener Hausbrennerei

7 DZ, alle Zimmer verfügen über eine Waschgelegenheit
Dusche/WC befinden sich auf der Etage

In Oberharmersbach, bei der Kirche, fahren Sie Richtung Brandenkopf und erreichen nach 1,5 km eine Straßengabelung. Hier fahren Sie links (rechts geht es zum Brandenkopf) und kommen nach weiteren 800 m zur Abzweigung Pension Langenberg. Hier biegen Sie links ab, fahren den Berg hinauf und sehen auf der Anhöhe linkerhand die Bergvesperstube Langenberg. Siehe Skizze, Seite 69.

Unterhalb vom Westweg gelegen
Pt. Kreuzsattelhütte (Hws. Langenberg), zum Pt. Beim Grabenjörgle, ab hier den Hinweisschildern folgen.

34 Vesperstube Durben 710 m

Durben 25
77736 Unterharmersbach
☎ 07837 / 274
www.bergwirtschaft-durben.weblico.de

Ruhetag: Mittwoch u. Donnerstag (außer feiertags)
Täglich ab 12 Uhr geöffnet

Durchgehend warme Küche
Original Schwarzw. Bibiliskäs - eigene Herstellung, Flammkuchen
Bratwurst und Schinken aus eigenem Rauch, Holzofenbrot
Kaffee und Kuchen aus eigener Herstellung
Sämtliche Produkte von Tieren aus eigener Landwirtschaft

Bratwurst, Blut- und Leberwurst in Dosen, Landbutter
Diverse Destillate aus eigener Schnapsbrennerei

2 FeWo für 2 bis 4 Personen

Von Unterharmersbach – Bahnhof fahren Sie 6 km in Richtung Brandenkopf. Auf der Anhöhe Durben sehen Sie links unterhalb von der Fahrstraße die Vesperstube Durben. Siehe Skizze, Seite 69.

VARIANTE Ab Oberwolfach-Walke, Wolfachbrücke, fahren Sie in Richtung Kreuzsattel. Sie fahren am Kreuzsattel vorbei und weiter in Richtung Brandenkopf. An der Abzweigung Bettelfrau fahren Sie geradeaus weiter in Richtung Oberharmersbach. An der kommenden Waldlichtung (bevor es rechts Talwärts geht) biegen Sie links ab und nach 100 m (Hws.) rechts, direkt zur Vesperstube Durben. Siehe Skizze, Seite 93.

35 Waldsteinschänke 534m

Waldstein 19
77716 Fischerbach
☎ 07832 / 97 98 67

www.waldsteinschenke.de

Samstag ab 13 Uhr,
Sonn- und Feiertage ab 11:30 Uhr geöffnet
Unter der Woche, ab 8 Pers. nach Voranmeldung
Betriebsferien: 24. Dezember bis 31. Januar geschlossen

Flammenkuchen, Bratwurst und selbstgebackener Kuchen
Fleisch- und Wurstwaren von Tieren aus eigener Landwirtschaft

Honig
Hausmacherwurst in Dosen

Ferien auf dem Bauernhof
2 FeWo bis 7 Pers., ab 2 Tage

Von Haslach fahren Sie durch Fischerbach in Richtung Hausach. Am Ortsausgang von Fischerbach biegen Sie links ab in Richtung Nillhöfe und fahren nach 1,2 km an der zweiten Abzweigung (Hws.) rechts ab. Ab hier, fahren Sie 2 km ständig bergwärts, Hinweisschilder zeigen Ihnen den Weg. Die Waldsteinschänke befindet sich oberhalb im Andersbachtal, unterhalb vom Brandenkopf. Siehe Skizze, Seite 69.

36 Beck's Vesperstube 425 m

Schloßberg 2
77960 Seelbach - Schönberg
☎ 07823 / 26 05

Ruhetag: Dienstag und Mittwoch
Montag, Donnerstag und Freitag ab 12 Uhr,
Samstag, Sonn- und Feiertage ab 10:30 Uhr geöffnet
Betriebsferien: 14 Tage nach Allerheiligen

Frischkäs mit Früchten, Schweineschnitzel, Kartoffelsalat
Brotzeitteller, Käseplatte und Salatteller aus der Regio

Von Lahr fahren Sie auf der B415 in Richtung Biberach. Auf der Anhöhe Schönberg biegen Sie links ab und sehen rechts oberhalb die Vesperstube Beck. Siehe Skizze, rechte Seite.

Burgruine Hohengeroldseck
Parkplatz unterhalb der Burganlage, Fußweg 10 Min.
Auf einem etwa 75 m hohen, ringsum freistehenden Felskegel, von dem aus alle Pässe der umliegenden Täler eingesehen werden konnte. vollendete Walter 1 von Geroldseck um 1250 die Burg Hohengeroldseck. Während ihres Bestehen wurde sie mehrmals belagert, so im Jahre 1426 und 1486. Die endgültige Zerstörung erfolgte durch die Franzosen 1689. Die Hohengeroldseck blieb von da an dem Verfall überlassen.

Floristisch aufwendig geschmückter Tisch- und Wandschmuck geben der Gaststube die besondere Atmosphäre.
In der Gartenanlage leben auf großzügigem Raum Kleintiere.

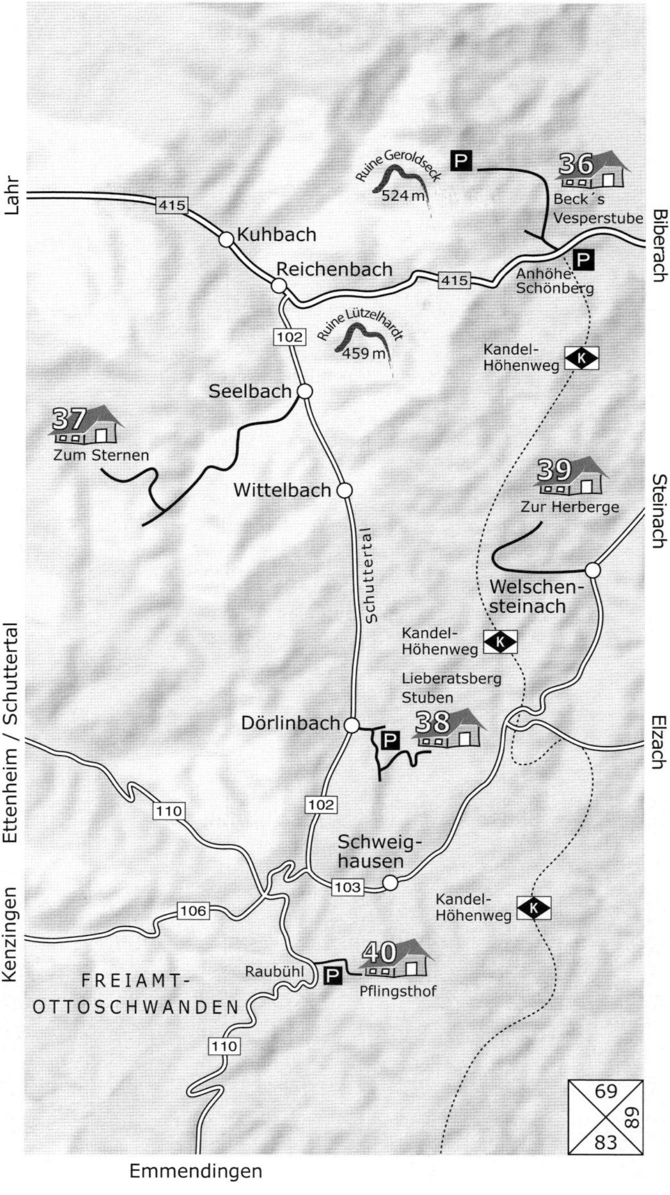
Lahr
415
Kuhbach
Reichenbach
Ruine Geroldseck
524 m
P
36
Beck´s
Vesperstube
Biberach
415
P
Anhöhe
Schönberg
102
Ruine Lützelhardt
459 m
Kandel-
Höhenweg
K
Seelbach
37
Zum Sternen
Wittelbach
39
Zur Herberge
Steinach
Schuttertal
Welschen-
steinach
Kandel-
Höhenweg
K
Lieberatsberg
Stuben
Ettenheim / Schuttertal
Dörlinbach
P
38
Elzach
110
102
Schweig-
hausen
103
Kenzingen
106
Kandel-
Höhenweg
K
40
Raubühl
P
Pflingsthof
FREIAMT-
OTTOSCHWANDEN
110
69
68
83
Emmendingen

37 Zum Sternen 416m

Hasenberg 1
77960 Seelbach - Hasenberg
☎ 07823 / 9 65 32

www.gasthaus-sternen.de

Ruhetag: Montag und Dienstag (außer feiertags)
Mittwoch bis Sonn- u. Feiertage von 11 bis 21 Uhr geöffnet

Durchgehend warme Küche
Gemüsemedaillon, Wurstsalat mit Bibiliskäs und Bratkartoffeln
Badisches Schäufele, Rump- und Pfeffersteak

Von Lahr kommend fahren Sie hinter Reichenbach von der B415 nach Seelbach rechts ab. Sie durchfahren Seelbach auf der Hauptstraße und biegen kurz vor Ortsausgang rechts ab. Sie fahren am Schwimmbad vorbei und weiter bis zur kleinen Brücke. Diese überqueren Sie, halten sich links und fahren in das Litschental. Nach 3 km erreichen Sie eine Abzweigung (links kl. Parkplatz und Brunnen), hier biegen Sie rechts ab und fahren oberhalb in den Wald hinein. Nach weiteren 2 km Bergfahrt erreichen Sie die Bergwirtschaft Zum Sternen.
Siehe Skizze, Seite 75.

Ende der zwanziger Jahre des 20. Jahrhunderts wurde die Wirtschaft „Zum Sternen" hier oben auf dem Hasenberg gebaut. Um die Wende des 19. / 20. Jh. wurden erstmals landwirtschaftliche Erzeugnisse vom Becherer - Hof am oberhalb verlaufenden Wanderweg Lahr - Basel aus dem Korb an Wanderer verkauft.

38 Lieberatsberg Stuben 450 m

Lieberatsberg 2
77978 Schuttertal-Dörlinbach
☎ 07826 / 719

Ruhetag: Montag und Donnerstag
Dienstag, Mittwoch, Freitag bis Sonn- u. Feiertage
täglich ab 11 Uhr geöffnet
Betriebsferien: 2 Wochen in den Sommerschulferien BaWü
(bitte telefonisch erfragen)

Durchgehend warme Küche
Fleischgerichte und Wurstwaren
von Tieren aus eigener Tierhaltung

Von Seelbach kommend fahren Sie in Dörlinbach hinter dem Kriegerdenkmal links ab. Sie halten sich links, fahren an dem Wanderparkplatz vorbei und erreichen nach 800 m die Abzweigung zur Bergwirtschaft. Hier fahren Sie links den Berg hinauf und erreichen nach weiteren 400 m die Lieberatsberg Stuben. Siehe Skizze, Seite 75.

Durch die vergangenen Jahrhunderte wurde in der Regel dem Jüngsten der angestammte Hof vererbt. Da der Jägertoni Bauer aber zwei Höfe zum Vererben hatte, wurde durch ziehen zweier ungleicher Strohhalme das Erbe aufgeteilt. Sohn Lieberat zog den längeren, und so heißt heute die Anhöhe über Dörlinbach „Lieberatsberg".

39 Zur Herberge Am Schlossberg 432 m

Langbrunnen 28
77790 Welschensteinach
☎ 07832 / 53 47

www.schwarzwald-buehrer.de

Ruhetag: Mittwoch
Montag, Dienstag und Donnerstag von 13 bis 19 Uhr,
Freitag und Samstag von 13 bis 22 Uhr,
Sonn- und Feiertage von 11 bis 20 Uhr geöffnet
Betriebsferien: November

Durchgehend warme Küche
Kleine regionale Karte, warm und kalt

1 x 3-Bett-, 2 x 4-Bett- und 2 x 6-Bettzimmer (gesamt 23 Betten)
WC und Duschraum befinden sich außerhalb der Zimmer.

Von Offenburg (B33) kommend durchfahren Sie das Ortszentrum von Steinach bis kurz vor Ortsausgang. Hier biegen Sie rechts ab – Richtung Schweighausen. Sie queren die Eisenbahnunterführung und fahren anschließend auf der L103 nach Welschensteinach. Im Ortskern Welschensteinach (Orientierung Kirche) an der abknickenden Vorfahrtstraße (Linkskurve) geradeaus in die Dorfstraße. Nach ca. 175 m (Hws.) von der Dorfstraße rechts auf Obertal, später Langbrunnen (Straßenname). Anschließend fahren Sie an den Häusern vorbei; 2,7 km auf Talsträßchen (kleines, grünes Fahrradzeichen folgen) bergwärts bis zur Anhöhe. Auf der Anhöhe (Hws.) scharfe Rechtskurve und danach noch 500 m bis zur Herberge – Am Schlossberg. Siehe Skizze, Seite 75.

Die Vesperstube liegt direkt am Kandelhöhenweg und Querweg: Lahr – Rottweil. Mountainbikestrecke des gastlichen Kinzigtal.

40 Pflingsthof 460 m

Pflingstberg 1
77978 Schuttertal - Schweighausen
☎ 07826 / 753

www.pflingsthof.de

Ruhetag: Montag und Dienstag
Mittwoch bis Samstag täglich ab 14 Uhr,
Sonn- und Feiertage ab 9 Uhr geöffnet
Betriebsferien: Dezember

Leberle und Sulz, geröstet oder sauer, mit Bratkartoffeln
Mittwoch und Freitag ab 14 Uhr Flammenkuchen

Selbstgebackenes Holzofenbrot

Von Ettenheim fahren Sie bis zur Anhöhe Streitberg. Sie überqueren die Straßenkreuzung und fahren weiter auf der L110 in Richtung Freiamt / Ottoschwanden. Nach 1,5 km fahren Sie hinter dem Wald, am Ende der leichten Rechtskurve (Hws.) links ab (WDP Raubühl) und fahren geradeaus den Berg hinunter, zur Bergwirtschaft Pflingsthof. Siehe Skizze, Seite 75.

In etwas mehr als einer halben Stunde vom Pflingsthof entfernt erreichen Sie auf ebenen Weg die Kniesteinkapelle.

Der Hof mit Mühle, Backhaus, Brandweiher und dem alten Wohnhaus aus dem Jahre 1673 gehört seit Jahrhunderten ununterbrochen der Familie Ohnemus.

41 Zum Engel 260 m

Tennenbach 10
79348 Freiamt – Tennenbach
☎ 07641 / 86 64

www.engel-tennenbach.de

Ruhetag: Donnerstag
Täglich von 10 bis 22 Uhr geöffnet

Warme Küche von 12 bis 14 Uhr und 17 bis 21 Uhr
Von 14 bis 17 Uhr kleine Karte warm und kalt
Wildgerichte, Schnitzelspezialitäten, Rumpsteak
Täglich ab 14 Uhr frische Kuchen, Torten, Hausgebäck

3 EZ, 8 DZ mit Dusche u. WC
1 DZ mit Etagendusche, 1 Vierbettzimmer

In Emmendingen von der Hochburger Straße (Kreisverkehr) auf die K5138 in Richtung Freiamt / Maleck. Nach 1 km in die von links kommende K5100 einbiegen, Richtung Freiamt. Auf der K5100 am WDP Eichbergturm (10 Min. Fußweg) vorbei und nach 2,6 km erreichen Sie das Gasthaus Zum Engel im Tennenbachtal. Siehe Skizze, Seite 83.

Hier stand früher das Zisterzienserkloster Tennenbach; die noch bestehende Kapelle und das Wirtshaus Zum Engel (damals Wirtschaftsgebäude) erinnern uns daran. An der Kapelle zeigt uns eine Kupferstichtafel den Umfang der ehemaligen Klosteranlage. Für die Besichtigung der Kapelle, erhalten Sie im Gasthaus Zum Engel einen Schlüssel (außer am Ruhetag).

Kapelle Tennenbach
links im Hintergrund: Schwarze Madonna

42

Zum Gscheid 454 m

Gscheidstraße 16 www.zweitaelerland.de / Link – Aktivitäten
79348 Freiamt – Keppenbach
☎ 07645 / 335

Ruhetag: Montag
Täglich ab 14 Uhr,
Sonn- und Feiertage ab 10 Uhr geöffnet

Durchgehend warme Küche
Hausmacher Vesper, Speck, eigene Schlachtung

Waldkirch <B294> Elzach – Nach der Ausfahrt Gutach / Simonswald links in Richtung Waldkirch–Kollnau. Anschließend hinter der Shell Tankstelle (scharfe Linkskurve) rechts Richtung Siegelau / Keppenbach. Sie fahren auf der K5109 an der Abzweigung Siegelau vorbei und 1,8 km bergwärts bis zur Anhöhe Gscheid. Das Gasthaus Gscheid befindet sich direkt auf der Anhöhe. Siehe Skizze, Seite 83 und 89.

VARIANTE Von Sexau (bei Emmendingen) auf der L110 Richtung Freiamt. Von Keppenbach, Richtung Gutach, fahren Sie auf der K5109 (Gscheidstraße) 3,3 km bis zur Anhöhe Gscheid.

Gelegen am Zweitälersteig und Kandelhöhenweg

Gscheid bedeutet Grenze. Hier oben auf der Anhöhe verläuft die Gemarkungsgrenze Freiamt - Siegelau. Der genaue Grenzverlauf verläuft quer über die Straße, hinter der Anhöhe, in Richtung Siegelau. Den genauen Grenzverlauf erkennen Sie rechts an dem Pfahl auf der Weide und an der unterschiedlichen Baumhöhe des angrenzenden Waldes.

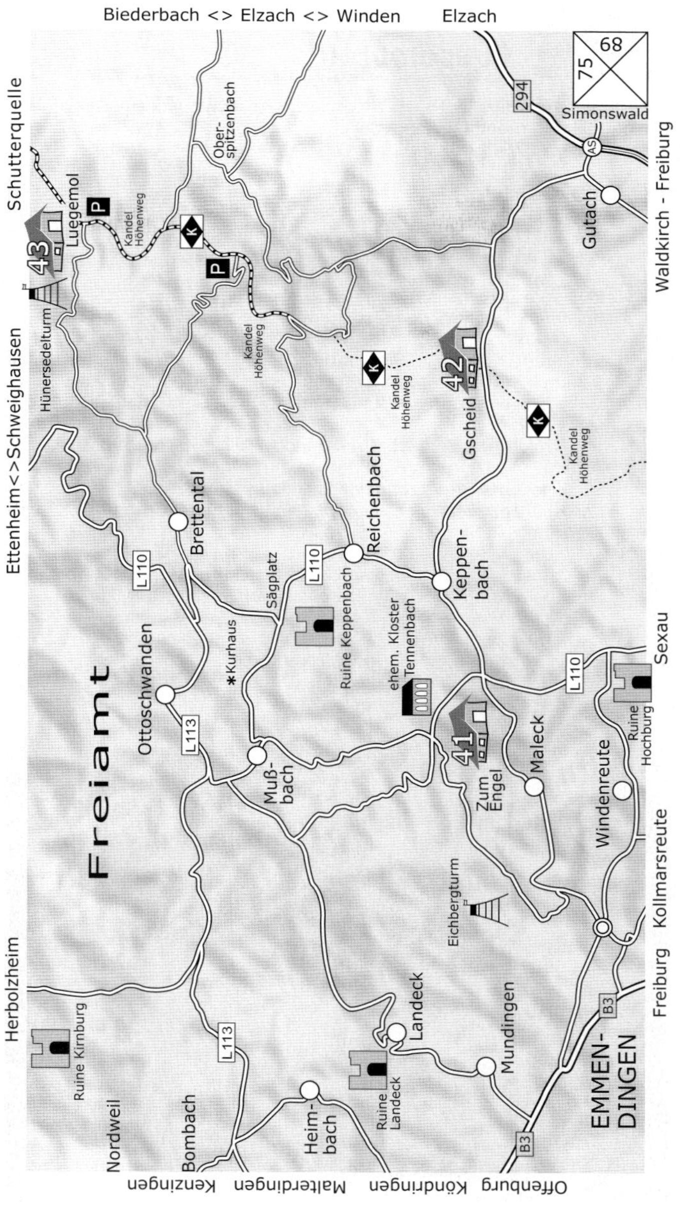

Biederbach <> Elzach <> Winden
Elzach
68
75
294
Simonswald
AS
Waldkirch - Freiburg
Gutach
Schutterquelle
Luegemol
P
K
Kandel Höhenweg
Ober-spitzenbach
43
Hünersedelturm
Ettenheim<>Schweighausen
42
Gscheid
Kandel Höhenweg
Brettental
Reichenbach
L110
Sägplatz
Keppen-bach
Ruine Keppenbach
ehem. Kloster Tennenbach
Freiamt
Ottoschwanden
Kurhaus
L113
Muß-bach
41
Zum Engel
Maleck
L110
Sexau
Ruine Hochburg
Windenreute
Kollmarsreute
Eichbergturm
Herbolzheim
Ruine Kirnburg
Nordweil
Bombach
Heim-bach
Ruine Landeck
Landeck
Mundingen
Freiburg
B3
EMMEN-DINGEN
Kenzingen
Malterdingen
Köndringen
Offenburg

43 Luegemol 685 m

Hünersedelstraße 9
79348 Freiamt – Hünersedel
☎ 07645 / 91 61 28

www.luegemol-freiamt.de

Mai bis Oktober
Samstag, Sonn- u. Feiertage von 11 bis 21 Uhr geöffnet
November bis April
von 11 bis 19 Uhr geöffnet

Kleine Vespergerichte warm und kalt, hausgemachter Kartoffelsalat
Kuchen, Schwarzwälder Kirschtorte

Von Brettental (OT von Freiamt) fahren Sie auf der Hünersedelstraße 3,3 km bergwärts zur Abzwg. Luegemol. Hier links, direkt zur Vesperstube Luegemol oberhalb am Berghang. Siehe Skizze, Seite 83 und 89.

VARIANTE Von Elzach über Biederbach – Anhöhe Selbig – Kreuzmoos. An der Abzwg. Kreuzmoos WDH. rechts durch den Wald bis zum WDP Hünersedel (Zugang zum Hünersedelturm, 20 Min.). Hier links und anschließend den Berg hinunter zur Zufahrt Luegemol (s.o.). Ab Kreuzmoos 2,1 km.

Ab Vesperstube Luegemol zum Hünersedelturm 15 Min. Gehzeit
Unterhalb vom Kandelhöhenweg gelegen, Zugang 10 Min.

Hünersedelturm

Hünersedelturm 744,5 m ü. NHN, Turmhöhe 29 m

44 Fischerhütte 473 m

Sonnhaldestraße 22A
79215 Biederbach b. Elzach
☎ 07682 / 62 74

www.zweitaelerland.de

Ganzjährig geöffnet
Ruhetag: Montag, Mittwoch und Donnerstag
Dienstag, Freitag und Samstag ab 14 Uhr,
Sonn- und Feiertage ab 10 Uhr geöffnet

Durchgehend warme Küche
Forelle aus eigener Teichzucht und andere Spezialitäten

Von Waldkirch (B294) kommend am Orteingang Elzach (Opelhändler, linke Straßenseite) links ab in Richtung Biederbach / Lahr. Auf der Biederbacher Str. (L101) 1,5 km bis zur Bushaltestelle-Untertal (zweite Haltestelle nach Abzweigung). Hier rechts in die Sonnhaldestraße abbiegen und 270 m leicht bergwärts bis zu einer Weggabelung – Kleine Holzfischtafeln weisen den Weg. An der Weggabelung halblinks den Berg hinauf und anschließend umfahren Sie einen alten, umzäunten Steinbruch. Hinter dem Steinbruch erreichen Sie nach 500 m die Vesperstube Fischerhütte, links vom Weg. Siehe Skizze, Seite 89.

45 Funi's Vesperstube 530m

Schlosshofweg 1
79215 Elzach-Prechtal
☎ 07682 / 79 88

www. schwarzwaldgasthöfe.de

Saison: Anfang März bis Ende Oktober
Ruhetag: Montag bis Mittwoch
Donnerstag bis Sonn- und Feiertage ab 11:30 Uhr geöffnet

Durchgehend warme Küche bis 20 Uhr
Funi's Hausplatte „Spezial", diverse warme Gerichte
Hausgemachte Kuchen und Torten

2 FeWo jeweils für 2 - 3 Personen
Schlafzimmer, Wohnzimmer mit Küchenzeile, Bad/WC und Balkon

Von Waldkirch (B294) über Elzach in Richtung Haslach bis zur Passhöhe Heidburg – Bushaltestelle. Auf der Anhöhe links abbiegen und geradeaus, 500 m, durch den Wald. Bei Waldausfahrt (Hinweisschild Funi's Vesperstube) links abzweigen direkt zur Vesperstube.
Siehe Skizze, Seite 89.

TIPP Achtung: Vor der Passhöhe (Bergkuppe), in der langgezogenen Rechtskurve, frühzeitig den linken Blinker einschalten; das ist gut für Sie und die hinter ihnen fahrenden Autos. Keine Linksabbiegespur.

Zweitälersteig, Querweg: Lahr – Rottweil
führen oberhalb vom Haus vorbei.

46 Schneiderhof

605 m

Vorderzinken 26
79215 Elzach – Yach
☎ 07682 / 92 03 51

www.schneiderhof-yach.de

1. März bis 31. Oktober
Ruhetag: Montag
Dienstag bis Freitag von 11 bis 18 Uhr
Samstag, Sonn- und Feiertage von 11 bis 20 Uhr geöffnet

Bibiliskäse mit frischen Kräutern und Rohkost
Hausmacherwurst und Speck
Käseteller, Wurstsalat, frisches Holzofenbrot, Apfel- und Beerenmost

2 DZ mit Dusche/WC

2 FeWo je 3 Zimmer 80qm (bis 6 Pers.)
2 FeWo je 2 Zimmer 50qm (bis 4 Pers.)

Von Waldkirch kommend in Elzach, im zweiten Kreisverkehr – Ausfahrt Yach rausfahren. Ab Bahnhof Elzach auf der K5112 durchfahren Sie Yach und talaufwärts 2,5 km auf dem Fahrsträßchen „Vorderzinken" zum Schneiderhof. Die Bergvesperstube befindet sich rechts, oberhalb der Straße. Siehe Skizze, rechte Seite.

Ab Yach 2 Rundwege: Brotweg 4 Std. / Hirtenweg 6 Std., beide führen am Schneiderhof vorbei.
Ab Schneiderhof bergwärts, über - ND Sieben Felsen - zum „Rohrhardsberg", 1:30 Std. Wanderzeit.

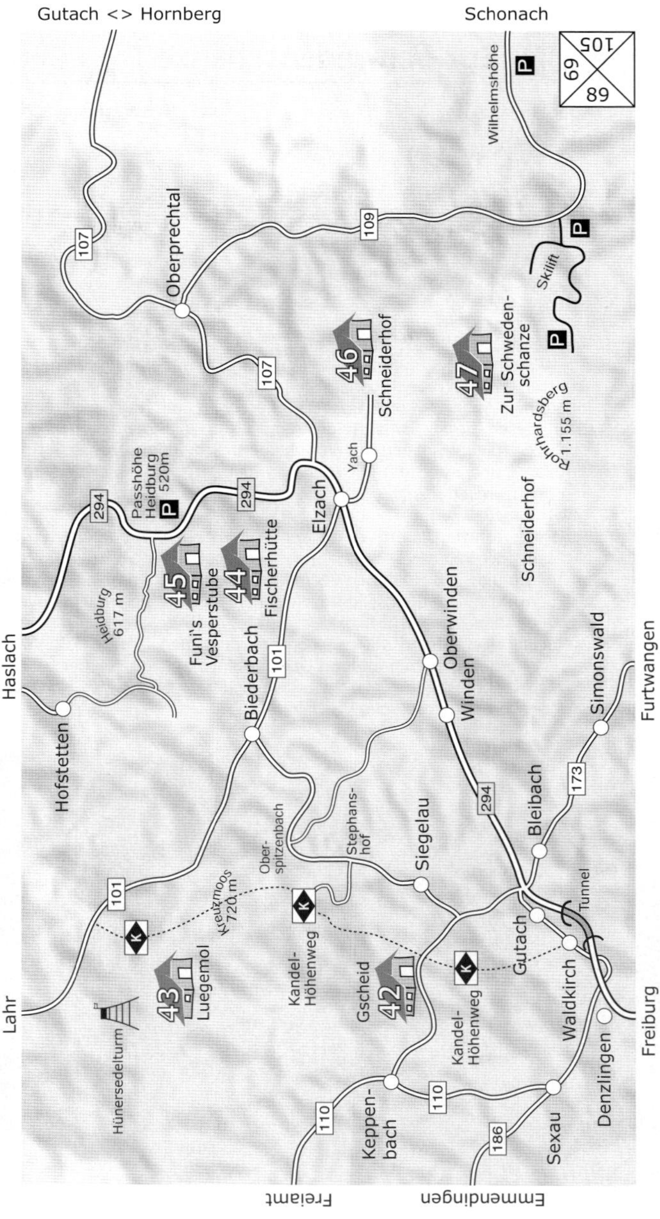

Gutach <> Hornberg
Schonach
Haslach
Lahr
Freiburg
Furtwangen
Freiamt
Emmendingen
Wilhelmshöhe
Oberprechtal
Skilift
Zur Schwedenschanze
Schneiderhof
Rohrhardsberg 1.155 m
Yach
Elzach
Passhöhe Heidburg 520m
Heidburg 617 m
Funi's Vesperstube
Fischerhütte
Biederbach
Oberwinden
Winden
Simonswald
Hofstetten
Ober-spitzenbach
Stephans-hof
Siegelau
Bleibach
Tunnel
Gutach
Waldkirch
Denzlingen
Kreuzmoos 720 m
Luegemol
Hünersedelturm
Kandel-Höhenweg
Gscheid
Keppenbach
Sexau
42
43
44
45
46
47
68
69
105
101
107
109
110
173
186
294

47 Zur Schwedenschanze 1.145 m

Rohrhardsberg
78136 Schonach
☎ 07683 / 263

www.schaenzle.com

Sommerzeit: 1. Mai bis 23. Dezember
nur Samstag, Sonn- und Feiertage ab 10 Uhr geöffnet
Winterzeit: 24. Dezember bis Ende März
Ruhetag: Montag
Dienstag bis Sonntag täglich ab 12 Uhr geöffnet
Betriebsferien: April

Von Schonach fahren Sie auf der L109 Richtung Oberprechtal / Elzach. Ab Wilhelmshöhe fahren Sie 2 km talwärts und biegen hinter der scharfen Rechtskurve (Bushaltestelle) links ab. Sie fahren den Berg hinauf bis zum Skilift Rohrhardsberg. Hier scharf links und nach weiteren 2 km stellen Sie ihr Fahrzeug auf dem Wanderparkplatz Farnwald ab. Von hier folgen Sie den Hinweisschildern Schwedenschanze / Rohrhardsberg und erreichen nach 25 Min. die Bergwirtschaft Zur Schwedenschanze. Siehe Skizze, Seite 89 und 105.

Schanze Rohrhardsberg - Auf dem Gipfel gegenüber dem Sender. Nicht aus der Zeit des Dreißigjährigen Krieges (1618 - 1648), den man im Volksmund auch den Schwedenkrieg nannte, stammt die Schanze auf dem Rohrhardsberg. Diese ist vielmehr in ihrer Hauptanlageweise aus dem Spanischen Erbfolgekrieg (1701-1714), angelegt worden.
Die Schanze auf dem Rohrhardsberg wurde in den Jahren 1701-1703 in dem heute noch erkennbaren Umfang angelegt. Als Teil der großen Markgrafenbefestigung im Schwarzwald, unter Leitung des Feldherrn Ludwig Wilhelm von Baden (Türkenlouis).

Standort: Schwedenschanze 1.130m ü. NHN

48 Käppelehof 550 m

Osterbach 7
77756 Hausach – Einbach
☎ 07831 / 459

www.kaeppelehof-hausach.de

Ruhetag: Montag und Dienstag
Betriebsferien: 14 Tage über die Faschingszeit

Durchgehend warme Küche von 11:30 bis 21 Uhr
Saisonale Gerichte, original Schwarzwälder-Vesper

Von Hausach fahren Sie nach Einbach. In Einbach biegen Sie von der Dorfstraße rechts ab und überqueren die kleine Brücke (Hws.). Ab hier fahren Sie 2 km bergauf und bis ans Ende der Straße, direkt zur Bergwirtschaft Käppelehof. Siehe Skizze, rechte Seite u. Seite 97.

Am Westweg, Hansjakobweg
und Jacobusweg gelegen.

Wendelinuskapelle - Neben seinem mächtigen Schwarzwaldhof im oberen Osterbach erbaute im Jahre 1738 Jacob Bächle zu Ehren des großen Bauernheiligen Wendelinus eine Kapelle. Der Zulauf der Wallfahrer, die zum Teil in Prozessionen aus nah und fern kamen, war so groß, dass der Käppelebauer ab 1740 das Recht erhielt, die Pilger mit Speis und Trank zu verköstigen. Damit hatte die Geburtsstunde für das Gasthaus zum Käppelehof geschlagen. 1779 ließ der Hofbauer Johannes Benz die kleine und baufällige Kapelle zu der jetzigen Form erweitern. Das Heiligtum selbst ist die bekannteste Wendelinuskapelle des mittleren Schwarzwaldes.

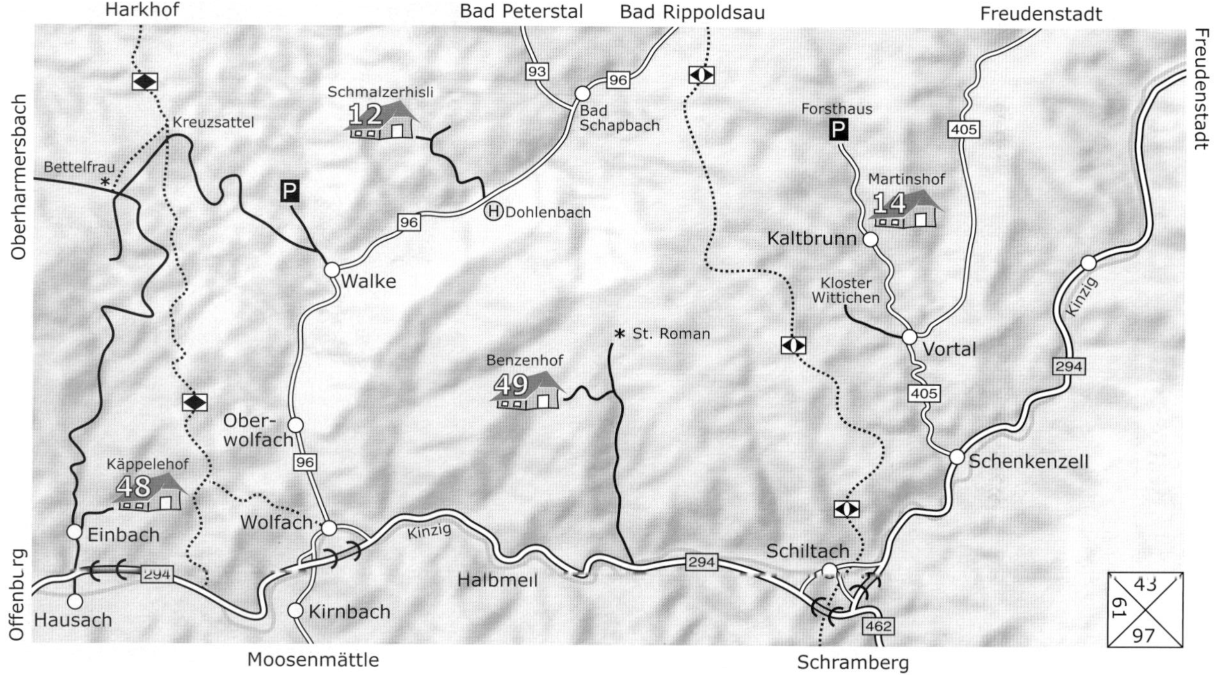
Harkhof
Bad Peterstal
Bad Rippoldsau
Freudenstadt
Freudenstadt
Oberharmersbach
Schmalzerhisli
12
93
96
Bad Schapbach
Kreuzsattel
Bettelfrau
Forsthaus
P
405
Martinshof
14
P
96
Dohlenbach
Kaltbrunn
Walke
Kloster Wittichen
Kinzig
St. Roman
Vortal
Benzenhof
49
294
405
Ober-wolfach
96
Schenkenzell
Käppelehof
48
Wolfach
Kinzig
Einbach
Schiltach
294
294
Halbmeil
Offenburg
Hausach
Kirnbach
462
43
61
97
Moosenmättle
Schramberg

49 Benzenhof

700 m

St. Roman 3
77709 Wolfach - St. Roman
☎ 07836 / 21 97

www.benzenhof.de

Ruhetag: Montag
Dienstag bis Freitag ab 13 Uhr,
Samstag, Sonn- und Feiertage ab 12 Uhr geöffnet

Durchgehend warme Küche
Eigene Schlachtung, selbstgemachter Schinken,
Brot, Most und Obstler
Kuchen aus eigener Herstellung

6 FeWo im Gästehaus mit Dusche/WC
Übernachtung für 1 Nacht möglich,
je nach Verfügbarkeit (Bitte tel. erfragen)
Frühstück für Hausgäste in der Vesperstube

Sie fahren von Wolfach auf der B294 in Richtung Schiltach. 2 km hinter Halbmeil biegen Sie nach einer langgezogenen Linkskurve links (Hws. St. Roman) ab. Sie überqueren die Kinzig und erreichen nach 4,5 km die Abzweigung Benzenhof (Hws). Hier biegen Sie links ab und fahren direkt zur Bergwirtschaft Benzenhof. Siehe Skizze, Seite 93 und 97.

Sankt Roman - ein kleiner Wallfahrtsort.
Hansjakobweg und Jacobusweg führen direkt am Haus vorbei.

50 Schwenkenhof 580 m

Schwenkenhof 121
77761 Schiltach
☎ 07836 / 72 13

www.schwenkenhof.de

Von April bis Oktober
Ruhetag: Montag und Dienstag
Mittwoch bis Freitag ab 14 Uhr,
Samstag, Sonn- und Feiertage ab 12 Uhr geöffnet
November, Dezember und März
nur Samstag, Sonn- und Feiertage ab 12 Uhr geöffnet
Betriebsferien: Januar und Februar

Durchgehend warme, kleine Vespergerichte
Strammer Max, Hausmacher Wurst
Schwarzwälder Schinken mit selbstgebackenem Holzofenbrot

Leibgedinghaus / 1 FeWo 65qm 2 - 4 Pers., 1 FeWo 65qm 2 - 5 Pers.
Eltern- u. Kinderschlafzimmer, Wohnzimmer mit Küchenzeile u. Bad

Von Wolfach kommend fahren Sie im Zentrum von Schiltach über die Kinzigbrücke und nach 200 m am Gasthaus Rössle (etwas erhöht von der Fahrstraße) halbrechts die Straße hinauf. Nach weiteren 30 m biegen Sie rechts ab in die Staigstraße. Oberhalb der Staigstraße fahren Sie scharf links in die Schlossbergstraße. Ab hier fahren Sie den Berg hinauf und erreichen nach 2 km die Anhöhe „Auf der Staig". Hier biegen Sie rechts ab zum Schwenkenhof. Siehe Skizze, Seite 43 u. 97.

VARIANTE Von Aichhalden in Richtung Alpirbach. 1 km hinter Aichhalden beim ehem. Zollhaus (Hws.) links ab und anschließend 2,4 km den Berg hinunter zur Anhöhe „Auf der Staig". Weiter s.o..

51 Schwarzwaldstube 600 m

Eselbach 3
78733 Aichhalden - Eselbach
☎ 07422 / 67 94

Ruhetag: Montag und Dienstag
Mittwoch bis Samstag ab 12 Uhr,
Sonn- und Feiertage ab 9:30 Uhr geöffnet
Betriebsferien: 2-3 Wochen über Pfingsten

Durchgehend warme Küche
Hausmacher Vesper, tägl. Schlachtplatte
Samstag, Sonn- und Feiertage: Schnitzel, Steak mit Pommes u. Salat

Von Schramberg fahren Sie auf der B462 in Richtung Schiltach. 500 m hinter Schramberg, in einer langgezogenen Linkskurve, sehen Sie an der rechten Straßenseite einen Steinbruch. Hier biegen Sie nach Eselbach rechts ab und fahren 1,8 km bergauf direkt zur Bergwirtschaft Schwarzwaldstube. Siehe Skizze, rechte Seite.

VARIANTE Ab Schwarzwaldstube steile, enge Bergfahrt nach Aichhalden (2,8 km). Verbindungsstraße - K5531 Alpirsbach <> Schramberg – Sulgen. Siehe Variante [50] Schwenkenhof.

Ab Waldfriedhof Schramberg Richtung Aichhalden über - Tierstein - nach Eselbach. WDZ blaue Raute mit weißem Strich (Verbindungsweg) und Nr. 3 auf blauem Grund. 60 Min.

Von der Terrasse schöne Aussicht über das Schiltachtal.

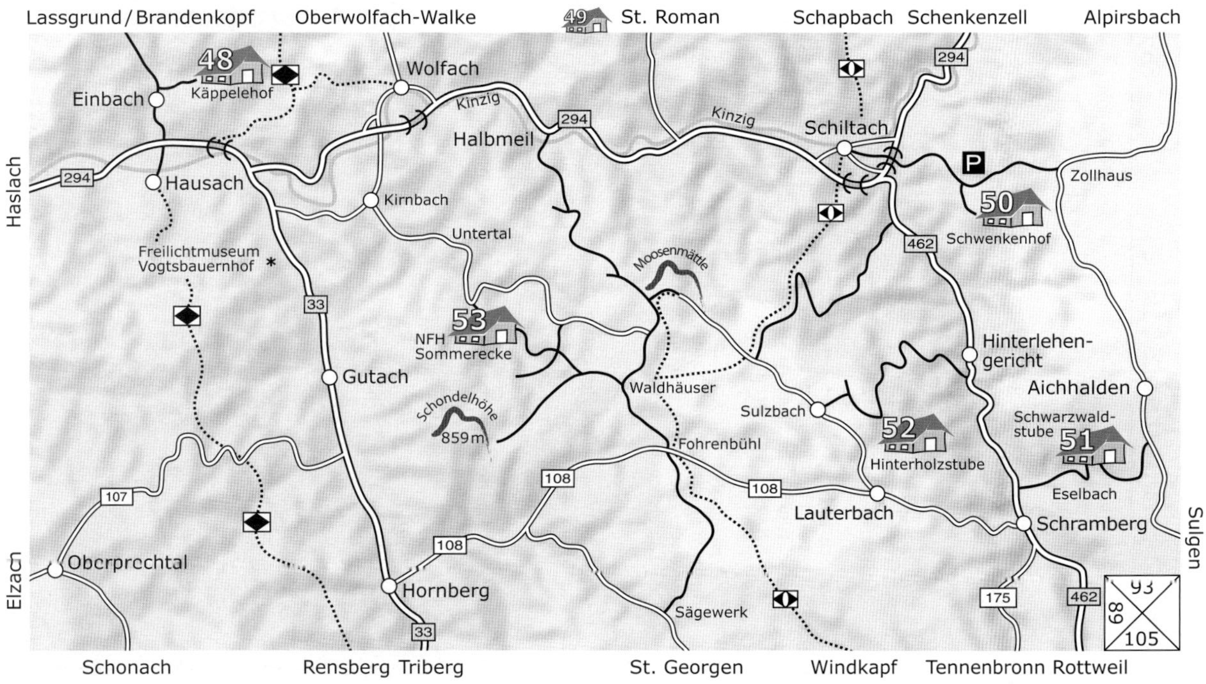
Lassgrund / Brandenkopf
Oberwolfach-Walke
49
St. Roman
Schapbach
Schenkenzell
Alpirsbach
48
Käppelehof
Einbach
Wolfach
Kinzig
294
Halbmeil
Schiltach
P
Zollhaus
50
Schwenkenhof
Haslach
Hausach
Kirnbach
Untertal
Freilichtmuseum
Vogtsbauernhof
33
Moosenmättle
462
53
NFH
Sommerecke
Hinterlehen-
gericht
Aichhalden
Gutach
Waldhäuser
Sulzbach
Schondelhöhe
859 m
52
Hinterholzstube
Schwarzwald-
stube
51
Fohrenbühl
108
107
Lauterbach
Eselbach
Schramberg
Sulgen
Oberprechtal
Elzach
Hornberg
Sägewerk
175
93
89
105
Schonach
Rensberg Triberg
St. Georgen
Windkapf
Tennenbronn Rottweil

52 Hinterholz Stube 685 m

Hinterholz 161
77761 Schiltach – Hinterlehengericht
☎ 07836 / 71 38

www.hinterholzstube.de

Ruhetag: Montag und Dienstag
Mittwoch bis Samstag ab 14 Uhr
Sonn- und Feiertage ab 12 Uhr geöffnet
Behindertengerechte Vesperstube

Betriebsferien
Januar u. Februar

Durchgehend warme Küche
Flammenkuchen, Holzofenbrot, sämtliche Wurstwaren aus hofeigener Wursterei, DLG prämierte Wurst, große Vesperauswahl

Von Schiltach auf der B462 in Richtung Schramberg. Hinter dem OT Schiltach–Hinterlehengericht biegen Sie nach 300 m (Hws) rechts ab. Parallel zum Kienbach fahren Sie 5 km bergwärts bis auf die Anhöhe Hinterholz zur Bergvesperstube. Siehe Skizze, Seite 97 und 101.

VARIANTE 100 m hinter der Hinterholz Stube fahren Sie rechts durch den Wald bis zur zweiten Abzweigung (2 km) auf der Freifläche, oberhalb Sulzbach. Hier biegen Sie links ab und fahren talwärts bis zur Hauptstraße (links nach Lauterbach <> rechts zum Moosenmättle). Siehe [53] Sommerecke, rechte Seite.

Dieser 500 Jahre alte unter Denkmalpflege stehende Speicher (Sandstein und Holzkonstruktion) diente ganz früher als Altenteil. Auffallend ist, dass sich kein Schornstein auf dem Dach der 1998 eingerichteten Vesperstube befindet.

5 Wohnmobilstellplätze mit Stromanschluss

53 Sommerecke Naturfreundehaus 778 m

Sommerecke 1
77709 Wolfach – Kirnbach
☎ 07732 / 823 77 27

www.sommerecke.nfhb.de

Karfreitag bis 31. Oktober
Ruhetag: Dienstag (Montag u. Dienstag - 1. Nov. bis Gründonnerstag)
Montag, Mittwoch bis Sonn- und Feiertag
Täglich von 11 bis 21:30 Uhr geöffnet

Warme Küche von 11 bis 21 Uhr
Von 12 bis 14 Uhr und ab 18 Uhr große Karte
Vesperkarte durchgehend warm u. kalt
Reichhaltige Speisekarte, Holzofenbrot, Kuchen, vegetarische Gerichte

11 DZ, 4 Drei- und 4 Vierbettzimmer, alle mit fl. k/w Wasser, teilweise mit DU und WC bzw. Etagendusche.
1 Schlafraum bis 12 Personen

Von Kirnbach, K536, 1, 4 km bergwärts Richtung Moosenmättle zur Abzwg. Simonshansenhofweg (Hws. Sommerecke). Hier rechts einbiegen und 1,2 km bis zur kommenden Wegkreuzung (Hws. Sommerecke) vorfahren. An der Wegkreuzung scharf rechts und noch 1 km durch den Wald zum NFH Sommerecke. Siehe Skizze, Seite 97 u. 101.

VARIANTE Von Hornberg, L108, 6 km bergwärts Richtung Lauterbach / Schramberg. Auf der Anhöhe Fohrenbühl links zwischen den Häusern in Richtung Moosenmättle. Nach 2 km erreichen Sie die Abzweigung Waldhäuser (rechts Moosenmättle / geradeaus Sommerecke). Sie fahren geradeaus und nach 350 m rechts, anschl. 650 m abwärts bis zur Wegkreuzung, weiter s.o.

54 Höhengasthaus
Zum Deutschen Jäger
926 m

Windkapf 115
78132 Hornberg – Reichenbach
☎ 07833 / 61 44

www.deutscher-jaeger.de

Ruhetag: Donnerstag, Mittwoch ab 16 Uhr
Ist der Donnerstag ein Feiertag ist Mittwoch geschlossen
Täglich ab 10 Uhr geöffnet
Betriebsferien: Mitte November für 10 Tage

Barrierefreier Zugang und WC

Von 12 bis 20 Uhr durchgehend warme Küche
Täglich wechselndes Tagesessen.
Bratwurst mit Kartoffelsalat,
Wild, Wurst- und Kartoffelsalat selbstgemacht
Vegetarisches Essen

4 DZ, 1 x Dreibettzimmer
Alle Zimmer mit Dusche/WC + SAT/TV

Von St. Georgen fahren Sie 2,5 km in Richtung Schramberg bis zur Abzweigung Hornberg. Hier biegen Sie links ab, fahren an Langenschiltach vorbei und sehen nach 2 km an der rechten Straßenseite den Wanderparkplatz Benzebene. Hier biegen Sie links ab und erreichen nach weiteren 700 m die Bergwirtschaft Zum Deutschen Jäger. Am Mittelweg (Pforzheim – Basel) gelegen. Siehe Skizze, rechte Seite.

Mittelweg – Teilstrecke: Windkapf - Furtwangen 29 km

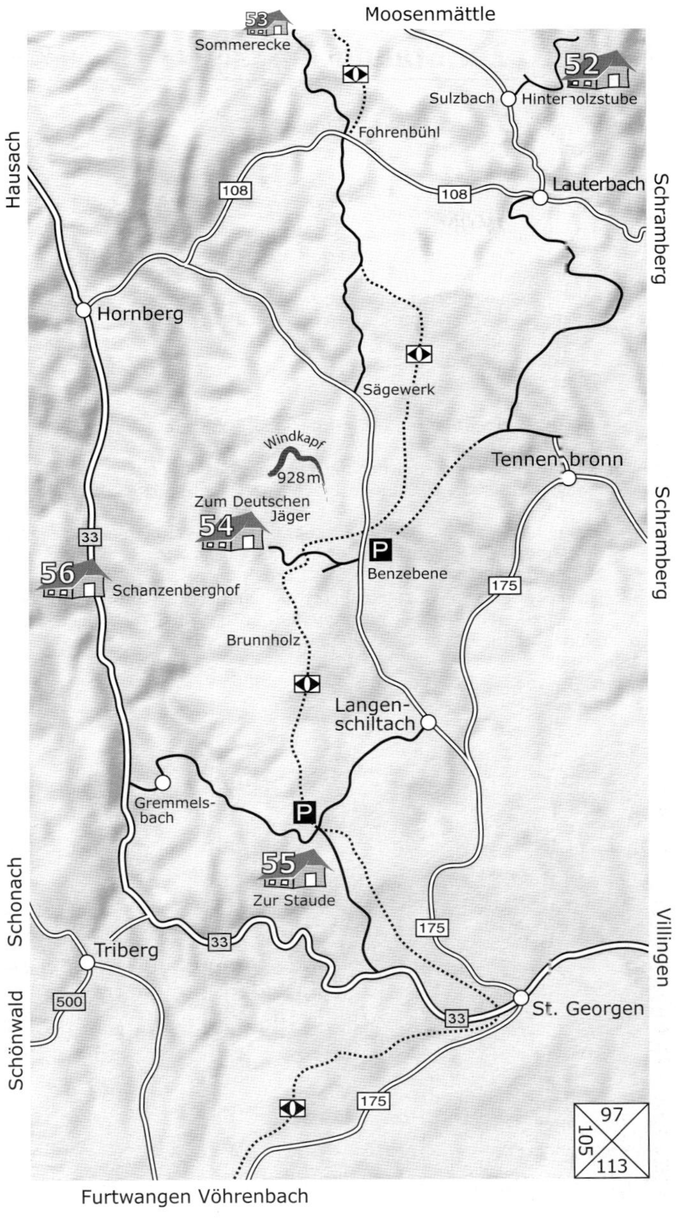

Moosenmättle
53
Sommerecke
52
Sulzbach
Hinter olzstube
Fohrenbühl
Hausach
108
108
Lauterbach
Schramberg
Hornberg
Sägewerk
Windkapf
928 m
Tennen bronn
Zum Deutschen Jäger
54
P
Benzebene
Schramberg
33
56
Schanzenberghof
175
Brunnholz
Langen-schiltach
Gremmels-bach
P
55
Zur Staude
Schonach
175
Villingen
33
Triberg
St. Georgen
500
33
Schönwald
175
97
105
113
Furtwangen Vöhrenbach

55 Zur Staude 889 m

Obertal 20
78098 Triberg – Gremmelsbach
☎ 07722 / 48 02

www.gasthaus-staude.de

Ruhetag: Dienstag
Täglich ab 9 Uhr geöffnet
Betriebsferien: November

Warme Küche von 12 bis 14 Uhr und ab 17:30 Uhr
Forelle aus heimischem Gewässer. Wild aus heimischen Wäldern
Durchgehend Vesperkarte warm und kalt

1 EZ und 12 DZ alle mit Dusche/WC
Sauna und Solarium

Von St. Georgen fahren Sie auf der B33 in Richtung Triberg. Nach 3 km biegen Sie auf der Anhöhe (Hws), bevor es nach Triberg bergab geht, rechts ab und erreichen nach weiteren 2,8 km, ebene Fahrstraße, die Bergwirtschaft Zur Staude. Siehe Skizze, Seite 101.

VARIANTE 250 m hinter der Bergwirtschaft Zur Staude am Wanderparkplatz links 4,6 km den Berg hinunter, über Gremmelsbach zur B33 (Triberg <> Hornberg, 4,6 km.
Nach St. Georgen – Langenschiltach fahren Sie 3,2 km auf dem Fahrsträßchen weiter geradeaus. Anschluß an die K5727 Hornberg <> Tennenbronn.

Mittelweg - Teilstrecke:
Staude - Furtwangen 24 km

Schwarzwälder Wasserfälle

mit einer Hauptfallhöhe über 10 Meter

Wasserfall	Ort in der Nähe	Region- oder Flussname	Ges.-höhe / Fallhöhe
		NORDSCHWARZWALD	
Burgbach	Bad Rippoldsau	Wolftal	32 m / 32 m
Absbach	Bad Rippoldsau	Absbach	45 m / 25 m
Sankenbach	Baiersbronn	Sankenbach	40 m / 25 m
Allerheiligen	Oppenau	Lierbach	60 m / 15 m
Griesbacher	Bad Peterstal-Griesbach	Griesbach	13 m / 13 m
Büstenbach	Reinerzau	Büstenloch	12 m / 12 m
		MITTLERER SCHWARZWALD	
Ravenna	Breitnau-Höllental	Ravennaschlucht	16 m / 16 m
Bernecktaler	Schramberg	Bernecktal	15 m / 15 m
Schonach	Triberg	Schonach	15 m / 15 m
Triberger	Triberg	Gutach	163 m / 15 m
Zweribach	Wildgutach	Simonswälder Tal	40 m / 15 m
		SÜDSCHWARZWALD	
Todtnauer	Todtnauberg	Stübenbach	60 m / 50 m
Bistenbach	Breitnau	Bistenbach	60 m / 50 m
Feldsee	Feldberg	Seebach	25 m / 25 m
Krebsbach	Krenkingen	Steinatal	20 m / 20 m
Lotenbachklamm	Bonndorf	Lotenbachklamm	25 m / 15 m
Rickenbach	Albbruck	Albtal	35 m / 15 m
Fahler	Fahl am Feldberg	Rotenbach	40 m / 15 m
Strahlbrusch	Rickenbach	Hauenst. Murgtal	13 m / 13 m
Häger	Häg Ehrsberg	Angenbachtal	40 m / 10 m
Lehnbach	Murg	Lehnbach	45 m / 10 m

Für den Zugang zu den Wasserfällen ist festes Schuhwerk mit rutschfester Sohle unabdingbar. Die Wege zu den Wasserfällen führen vorbei an Flussläufen, über Holzstege und Stock und Stein. Im Winter zeigen die Wasserfälle bizarre Eiszapfen und Eiswände.

56 Schanzenberghof 818 m

Großschanzenberg 43
78132 Hornberg - Niederwasser
☎ 07833 / 18 07

www.schanzenberg.de

1. Mai bis 30. September
Freitag, Samstag, Sonn- u. Feiertage
von 12 bis 19 Uhr geöffnet
(Wandergruppen vorher anmelden!)

Schwarzwälder Spezialitäten, hausgemachter Schwarzwälder Schinken Wurstsalat, hausgemachter Kuchen

2 DZ, 1 Dreibettzimmer
Alle Zimmer mit Dusche/WC

1 FeWo für 2 bis 4 Pers.
2 Schlafräume, Wohnküche, Bad mit Dusche/WC

Zwischen Hornberg <B33> Triberg an der Gutachbrücke (Hws. Hotel Schöne Aussicht) zum OT-Niederwasser abbiegen. Ab Gutachbrücke 3 km bergwärts bis zu einer Abzweigung, rechts Hotel Schöne Aussichte – links Schanzenberghof (Hws). Hier links und weitere 2 km bergwärts zum Schanzenberghof. Siehe Skizze, rechte Seite und Seite.101.

VARIANTE Am Ortsausgang Schonach (Richtung Elzach) an der Abzwg. [61] Silberberg (Zufahrt siehe dort) vorbei in Richtung Rensberg. Nach 1,7 km, an dem von rechts kommenden Sträßchen (Hws Schanzenberghof) einbiegen. Ab hier 2,5 km durch den Wald (Forstweg) bis zur Waldlichtung Schanzenberg. Auf dem Quersträßchen rechts, 300 m zum Schanzenberghof.

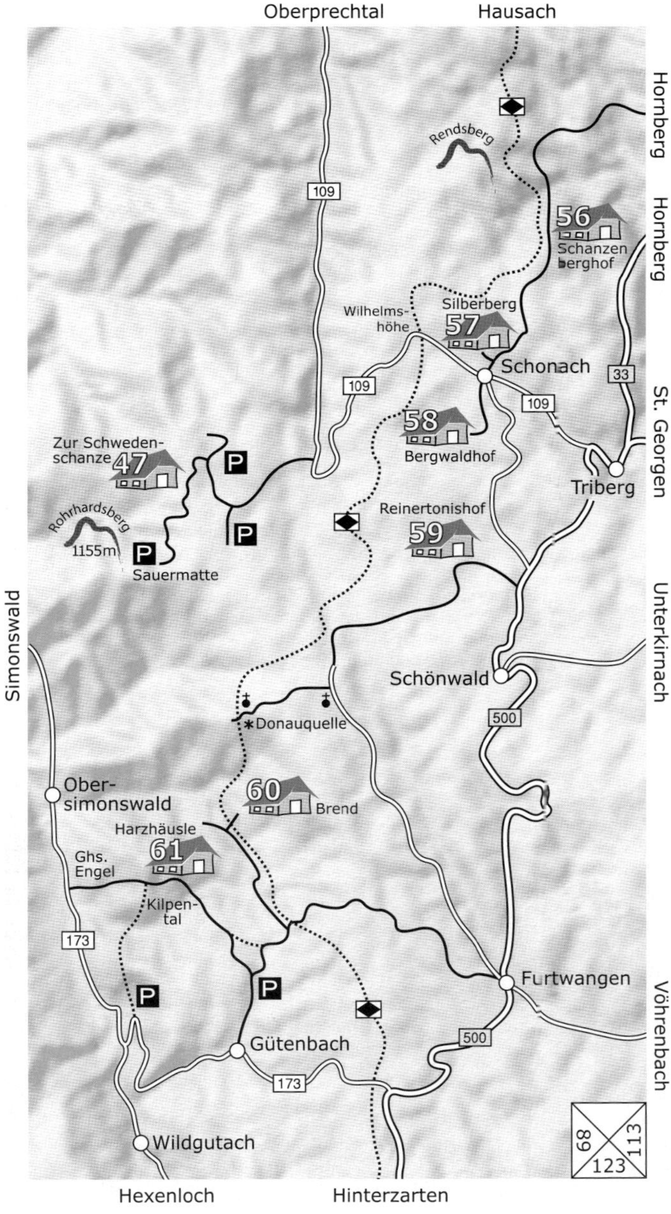
Oberprechtal
Hausach
Hornberg
Hornberg
St. Georgen
Unterkirnach
Vöhrenbach
Simonswald
Hexenloch
Hinterzarten
Rendsberg
109
56
Schanzen
berghof
Silberberg
Wilhelms-
höhe
57
Schonach
33
109
109
58
Bergwaldhof
Triberg
Zur Schweden-
schanze
47
P
P
P
Rohrhardsberg
1155m
Sauermatte
Reinertonishof
59
Schönwald
Donauquelle
500
Ober-
simonswald
60
Brend
Harzhäusle
61
Ghs.
Engel
Kilpen-
tal
173
P
P
Furtwangen
500
Gütenbach
173
Wildgutach
68
113
123

57 Silberberg 1.005 m

Silberberg 1
78136 Schonach
☎ 07722 / 65 64

www.fischer-silberberg.de

Mitte April bis Anfang November
Kein Ruhetag, täglich ab 11 Uhr geöffnet

Hausmacher Vesper, Wurstsalat
Kuchen aus eigener Herstellung

2 DZ, Dusche/WC auf der Etage,

1 FeWo *** für 2 bis 4 Pers. - 1 Schlafzimmer mit Doppelbett, Wohnzimmer mit Doppelschrankbett, Küche, Bad mit Dusche/WC.

Von Schonach in Richtung Elzach / Oberprechtal. Ab Ortsausgang Schonach an der zweiten Straßeneinmündung (großes Hinweisschild), rechts abbiegen. Nach 250 m, an der kommenden Rechtskurve (Hws. Silberberg) geradeaus. Auf dem Gummelenweg, am Pt. Gummele vorbei, bis zur Anhöhe. Von hier, rechts auf den Fahrweg 250 m den Berg hinunter zur Vesperstube Silberberg. Siehe Skizze, Seite 105.

Ab Wanderparkplatz Wilhelmshöhe (975 m) gehen Sie rechts am Ghs. Wilhelmshöhe vorbei. Sie folgen der Markierung Rote Raute (Westweg) und gehen auf dem Lukas-Kurner-Weg über Pt. Haseneck und Pt. Gummele zur Vesperstube Silberberg. Weglänge 1,2 km.

Langlaufloipe direkt am Haus.

58 Bergwaldhof 947 m

Höfleberg 1
78136 Schonach
☎ 07722 / 65 88

www.bergwaldhof-schonach.com

Ruhetag: Montag und Dienstag (außer Feiertag)
Mittwoch bis Sonn- u. Feiertage täglich von 11 bis 23 Uhr geöffnet

Warme Küche: von 11 bis 14 Uhr und von 17:30 bis 21 Uhr
Sonn- und Feiertags durchgehend
Kalte Küche: Vesper, Suppen, Kaffee & Kuchen durchgehend bis 22 Uhr
Badische Gerichte mit elsässischem Einschlag
Verwendet werden nur frische Zutaten aus der Region

4 DZ mit Dusche/WC

1 FeWo für 2 Pers. + Zusatzbett
1 FeWo für 4 Pers. + Zusatzbett

Schonach – Ortsmitte. An der Sparkasse in die Salzgasse einbiegen und nach 20 m (Hws. Bergwaldhof) scharf links den Berg hinauf. Auf der Schillerstraße aus dem Ort fahren und anschließend über die Hochfläche 700 m zur Bergwirtschaft Bergwaldhof. Siehe Skizze, Seite 105.

Blindensee – Rundweg (60 Min.) Ab Bergwaldhof bis zum Punkt (Pt.) Skistadion Wittenbach. Weiter zum Pt. Hohlenbacherhöhe – Pt. Blindenhof Nord – Pt. Blindenhof Süd. Zum Pt. Blindensee gehen Sie durch das Naturschutzgebiet auf einen Bohlensteg und Moorpfad. Ab Pt. Blindenhöhe (Wanderparkplatz) gehen Sie rechts, 500 m durch den Wald, zum Pt. Hohlenbacherhöhe und zurück zum Bergwaldhof.

59 Reinertonishof 940 m

Schwarzenbach 12
78141 Schönwald
☎ 07722 / 25 05

www.reinertonishof.de

Ruhetag: Montag und Dienstag
Mittwoch bis Sonn- u. Feiertage von 11 bis 20 Uhr geöffnet

Durchgehend Vesperküche (warm u. kalt)
Schinken, Speck und Rauchwurst aus eigenem Rauch,
Fleisch vom Rind aus eigener Aufzucht.

Selbstvermarkterhof
Destillate aus eigener Hausbrennerei

Ferienhaus Schwarzwaldmühle: 2 - 4 Personen
Ferienhaus Reinertonishof: 2 - 8 Personen

Von Schönwald in Richtung Triberg. 2 km hinter Schönwald (kl. Stausee) an der ersten Abzweigung links einbiegen und nach 1 km (Hws. Reinertonishof) rechts ab. Nach weiteren 200 m erreichen Sie den Reinertonishof. Siehe Skizze, Seite 105 und 113.

VARIANTE Von Furtwangen 4 km durch das Katzensteigtal zur Abzweigung Donauquelle / Kolmenhof. Von hier 2,8 km weiter auf der K5730auf die Anhöhe fahren. Von dort (Wanderparkplatz) dem Fahrsträßchen rechts folgen und weitere 2,8 km bis zur Abzwg. Reinertonishof (Zufahrt s.o.).

Freizeitreiten für Kinder und junge Erwachsene (jeden Alters) für Anfänger und Fortgeschrittene.
Kutschfahrten im Sommer - Schlittenfahrten im Winter.

60 **Brend** Naturfreundehaus 1.150m

Auf dem Brend 5
78120 Furtwangen
☎ 07723 / 803

www.naturfreundehaus-brend.de

Ruhetag: Montag
Täglich ab 10 Uhr geöffnet

Durchgehend warme Küche Nudelpfanne mit Hähnchenbrust, Wurstsalat, vegetarische Gerichte
Hausgemachte Kuchen und Torten

4 DZ alle Zimmer mit Dusche/WC 2 DZ, zwei 3er Zi., zwei 4er Zi., zwei 6er Zi., ein 7er Zi. alle Zimmer mit Waschbecken. Auf der Etage Dusche u. WC

Furtwangen – Am Autohaus Mahler (Opel) an der Kreuzung (Hws. Brend) in die Rabenstraße einbiegen. Auf der Rabenstraße 4 km bergwärts (am Restaurant Goldener Raben vorbei) zur Abzweigung Brend (Hws.) auf der Anhöhe. Hier rechts und 1,2 km zur Abzweigung NFH Brend (geradeaus Brendturm). An dieser Abzweigung rechts 200 m zum NFH Brend. Siehe Skizze, Seite 105.

VARIANTE Von der Rheinebene kommend (Waldkirch <B294> Elzach) durch Simonswald – Richtung Furtwangen. In Gütenbach (Rathaus) von der Durchgangsstraße (L173) halblinks abbiegen und nach 280 m an der kommenden Abzeigung (Hws. Brend) links in die Schulstraße. Anschließend 2 km auf der Schulstraße bergwärts zur Wegkreuzung Bären (ehem. Ghs.). Hier rechts und 2 km über die Hochfläche zur Abzwg. Brend. Weiter s. o.

61 Harzhäusle Im Kilpental 725 m

Kilpen 4
78148 Gütenbach-Kilpental
☎ 07723 / 16 13 (Mobil: 0174 / 172 61 89)

www.vesperstueble-harzhaeusle.de

1. Mai bis Mitte November
Ruhetag: Montag bis Donnerstag
Freitag ab 16 Uhr, Samstag, Sonn- u. Feiertage ab 11 Uhr, unter der Woche für Gruppen nach Voranmeldung geöffnet.

Kleine warme Gerichte, Hausmacher Vesper
Salate garniert mit heimischen Wildkräutern u. -blüten
Mitte November: Schlachtplatte

Von Simonswald 5 km durch das Simonswäldertal in Richtung Furtwangen. Am Gasthof Engel – Obersimonswald links ab. Anschließend auf Naturweg 2,6 km bergwärts durch das Kilpental zum Harzhäusle. Siehe Skizze, Seite 105

Tipp Ab Harzhäusle auf Naturweg 1,5 km bergwärts durch das Kilpental bis zur ersten Abzweigung (asphaltierter Weg). Hier halbrechts auf geteerten Waldweg weitere 1,5 km bis auf die Anhöhe (Ghs. Bären). An der Kreuzung links über den Höhenzug, 2 km, zur Abzweigung [60] Brend NFH (Zufahrt siehe dort) anschließend geradeaus 2,2 km talwärts bis Furtwangen.

Das Badner Land (Die Hymne Badens)

Das schönste Land in Deutschlands Gau'n,
Das ist mein Badner Land,
Es ist so herrlich anzuschaun,
und ruht in Gottes Hand.
Drum grüß ich dich, mein Badner Land,
Du edle Perl im deutschen Land, deutschen Land,
Frisch auf, frisch auf, frisch auf, frisch auf,
frisch auf, frisch auf, mein Badner Land!

Zu Haslach gräbt man Silbererz,
Bei Freiburg wächst der Wein,
im Schwarzwald schöne Mädchen;
Ein Badner möcht ich sein.
Drum grüß ich dich, mein Badner Land,
Du edle Perl im deutschen Land, deutschen Land,
Frisch auf, frisch auf, frisch auf, frisch auf,
frisch auf, frisch auf, mein Badner Land!

In Karlsruhe ist die Residenz,
In Mannheim die Fabrik,
In Rastatt ist die Festung,
Und das ist Badens Glück.
Drum grüß ich dich, mein Badner Land,
Du edle Perl im deutschen Land, deutschen Land,
Frisch auf, frisch auf, frisch auf, frisch auf,
frisch auf, frisch auf, mein Badner Land!

Der Bauer und der Edelmann,
Das stolze Militär,
Die schaun einander freundlich an,
Und das ist Goldes wert.
Drum grüß ich dich, mein Badner Land,
Du edle Perl im deutschen Land, deutschen Land,
Frisch auf, frisch auf, frisch auf, frisch auf,
frisch auf, frisch auf, mein Badner Land!

62 Stöcklewaldturm Wanderheim 1.069 m

Stöcklewaldweg 1
78120 Furtwangen - Rohrbach www.stoecklewaldturm.de
☎ 07722 / 41 67

Ruhetag: Montag und Dienstag
Mai bis September: Mittwoch bis Sonn- u. Feiertage von 10 bis 20 Uhr,
Oktober bis April: Mittwoch bis Sonn- u. Feiertage von 11 bis 19 Uhr
Betriebsferien: 2 Wochen im Frühjahr, 3 Wochen im Herbst

Mai bis September: Küchenzeit bis 19 Uhr,
Oktober bis April: Küchenzeit bis 18 Uhr
Durchgehend kalte Küche mit Schwarzwälder Vesper
Vesperplatte Stöcklewald mit Brot, selbstgemachte Kuchen

1x7 Mehrbettzimmer
Dusche auf der Etage, WC ein Stockwerk tiefer

Von Schönwald fahren Sie 5 km auf der K5728 in Richtung Unterkirnach. 500 m hinter der Abzweigung Triberg sehen Sie an beiden Straßenseiten je einen Wanderparkplatz. Sie stellen Ihr Fahrzeug auf dem rechten Parkplatz (Hws. Stöcklewald) ab und erreichen nach 20 Minuten Fußweg das Wanderheim Stöcklewaldturm.
Siehe Skizze, rechte Seite.

Vom Stöcklewaldturm auf dem Mittelweg (rote Raute mit weißem Strich) in Richtung Fohrenbühl.
Am Pt. Hinteres Stöckle rechts zur Hubertuskapelle und der nahegelegenen Gutachquelle.
Wanderzeit 30 Min.

Mittelweg – Teilstrecke ab Stöcklewaldturm

In nördl. Richtung nach St. Georgen 10 km, Höhenunterschied 207 m.

In südl. Richtung nach Furtwangen 8 km, Höhenunterschied 197 m.

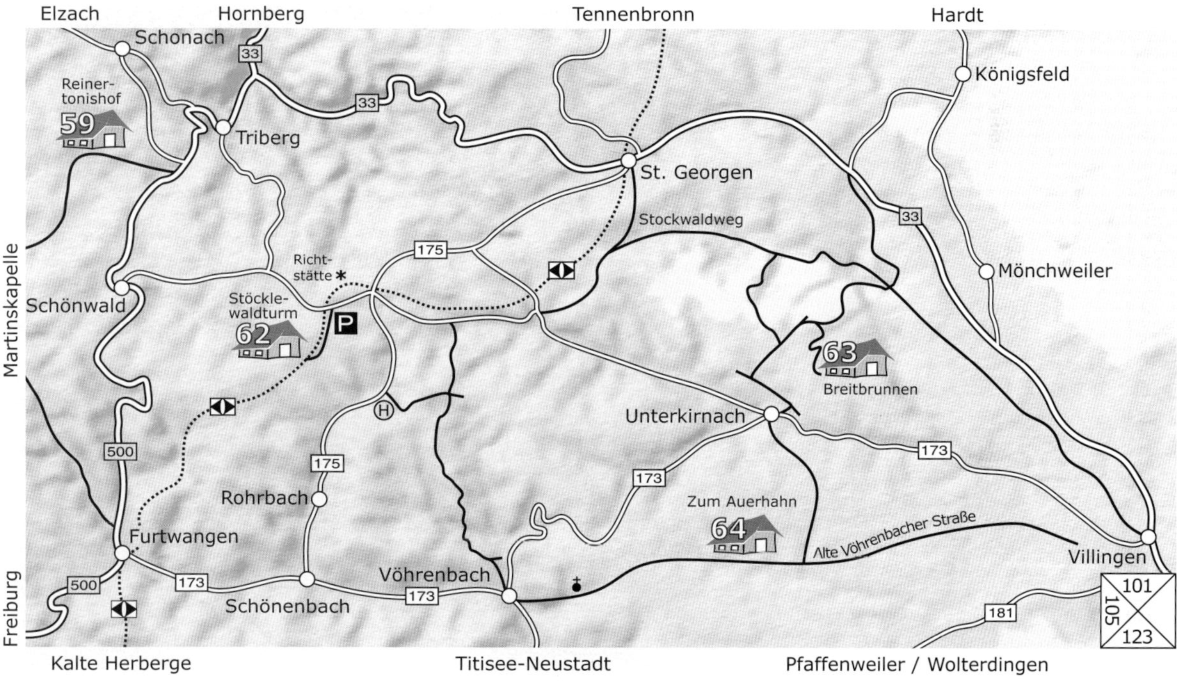
Elzach
Hornberg
Tennenbronn
Hardt
Schonach
Königsfeld
Reiner-
tonishof
59
Triberg
St. Georgen
Stockwaldweg
Mönchweiler
Martinskapelle
Schönwald
Richt-
stätte
Stöckle-
waldturm
62
P
63
Breitbrunnen
Unterkirnach
Rohrbach
Zum Auerhahn
64
Alte Vöhrenbacher Straße
Furtwangen
Villingen
Vöhrenbach
Schönenbach
Freiburg
Kalte Herberge
Titisee-Neustadt
Pfaffenweiler / Wolterdingen
33
175
500
173
181
101
105
123

Richtstätte aus dem Jahre 1349

Historisches

Bereits im Jahre 1349 ist für die Herrschaft Triberg ein Galgen belegt.

An seinem jetzigen Standort, auf 1.020 m ü. d. M. an der Europäischen Wasserscheide Nordsee / Schwarzes Meer, zeigt erstmals eine Karte des Benediktinerklosters St. Georgen Ende des 16. Jhs. einen Galgen mit zwei Gehenkten.

Die Villinger Pirschgerichtskarte weist sogar zwei hölzerne Galgen auf der „Dreyberghöhe" aus. Im Jahre 1721 wurde dort auf Nußbacher Gemarkung das steinerne Halsgericht erbaut.

Die exponierte Richtstätte auf dem „Scheitel Alemanniens" war für alle Passanten ein sichtbares Zeichen der beginnenden Gerichtshoheit der vorder-österreichischen Obervogtei Triberg. Bis zur Abschaffung der Todesstrafe unter Kaiser Joseph II. (1786) sind zwei Hinrichtungen am Galgen bekannt.

Die Leiber der Gehenkten wurden vom, „Carnifex Trimontanus", dem Triberger Scharfrichter, beim Galgen vergraben.

Zugang: Auf der gegenüberliegenden Straßenseite vom Stöcklewaldparkplatz rechts gehend, 300 m auf den Mittelweg – parallel zur Straße. (WDZ – Rote Route mit weißem Strich).
Standort siehe Skizze, Seite 113.

63 Breitbrunnen 890 m

Breitbrunnen 1
78089 Unterkirnach
☎ 07721 / 998 16 94

www.gasthaus-breitbrunnen.de

Ruhetag: Montag und Dienstag
Mittwoch bis Sonn- und Feiertage
täglich von 11 bis 21 Uhr geöffnet

Warme Küche von 11 bis 20 Uhr
Hausgemachte Spezialitäten aus der Region
Selbstgebackene Kuchen und Torten

In Unterkirnach fahren Sie von der Talstraße in den Stadthofweg. Sie fahren bergwärts, an der Wohnanlage Hapimag vorbei, bis auf die Anhöhe Moosloch. Ab hier fahren Sie auf dem Mooslochweg 1,5 km bis zur Abzweigung Breitbrunnen – Gasthaus. Hier fahren Sie geradeaus weiter und erreichen nach 500 m die Bergwirtschaft Breitbrunnen.
Siehe Skizze, Seite 113.

Der Breitbrunnen
Dieses Haus wurde durch Bapist u. Maria Neugart 1843 erbaut. Um die Wende des 19./20. Jahrhunderts erwarb die Stadt Villingen das Haus. Es diente der Stadt als Forsthaus und der Verkauf von Flaschenbier wurde geduldet. Der Verzehr von Speisen und Getränken wird erst seit 1976, nach Umbau, in der heutigen Form betrieben.
Im 11. Jh. war der Breitbrunnen womöglich ein Verbannungsort eines unangenehmen Bürgers der Stadt Villingen.

64 **Zum Auerhahn** Neuhäusle 908 m

Neuhäusle 1
78089 Unterkirnach
☎ 07727 / 13 30

Ruhetag: Montag
Täglich von 11 bis 21 Uhr geöffnet

Regionale- und vegetarische Gerichte, rustikale Vesper
Salatbüfet, Kaffee & Kuchen

Von Furtwangen kommend biegen Sie in Vöhrenbach hinter dem Verkehrsamt, an der abknickenden Vorfahrtsstraße links ab. Sie fahren erst auf der Krankenhausstraße und anschließend auf der Herzogenweiler Straße am Friedhof vorbei, bis zur Bruderkirche. Ab hier fahren Sie den Berg hinauf, in den Wald hinein und 2 km weiter auf unbefestigten Waldweg, Alte Vöhrenbacher Straße, bis zur Bergwirtschaft „Zum Auerhahn". Siehe Skizze, Seite 113.

VARIANTE Ab Bergwirtschaft „Zum Auerhahn" fahren Sie auf der alten Vöhrenbacher Straße weiter und biegen nach 350 m in Richtung Unterkirnach links ab oder fahren weiter geradeaus in Richtung Villingen.

65 Wuspenhof 660 m

Wuspenhof 1
79286 Glottertal
☎ 07684 / 441

Kein Ruhetag
Täglich ab 10 Uhr geöffnet

Kleine Vespergerichte
Serviert werden nur Erzeugnisse aus eigener Produktion

2 DZ mit fl. warm u. kalt Wasser
Dusche und WC auf der Etage

Ab Ortsende Glottertal 2 km in Richtung St. Peter. Hinter Oberglottertal (links ehem. Holzwerk) biegen Sie am Hws. Wuspenhof rechts in den Wirtschaftsweg. Sie fahren auf Naturweg an der Hilzinger Mühle vorbei bis zum Waldrand. Von hier 3,5 km bergwärts direkt zur Bergvesperstube Wuspenhof. Siehe Skizze, rechte Seite.

Von St. Peter über Lindlehöhe – Wuspenhof
Gehzeit: 1:15 Std., Länge: 5 km
Vom Parkplatz auf der Passhöhe vor St. Peter auf dem Kandelhöhenweg (Markierung weißes „K" in roter Raute) in Richtung Hornhof (782 m). Ab Pt. Hornhof (Markierung gelbe Raute) über Pt. Lindlehöhe (840 m, sehr schöne Aussicht) zum Pt. Wuspeneck (785 m; hier Abstieg (1,6 km) zum Wuspenhof (655 m).

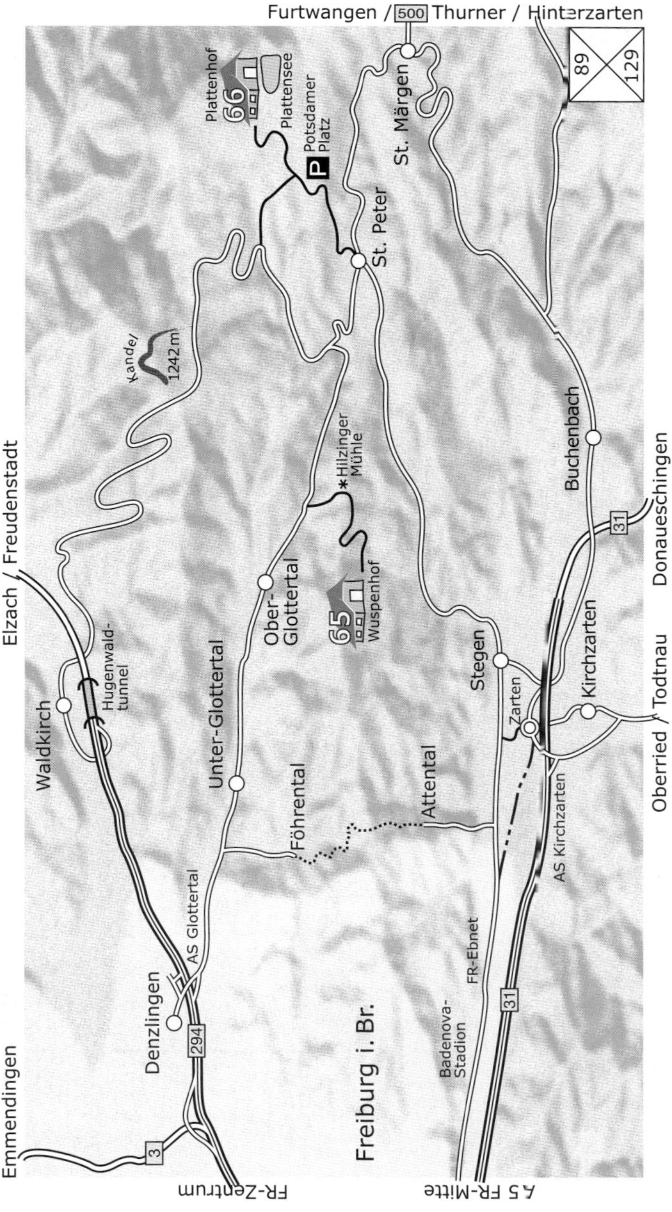

Furtwangen / 500 Thurner / Hinterzarten
89
129
Plattenhof
66
Plattensee
Potsdamer Platz
P
St. Märgen
St. Peter
Kandel
1242 m
Hilzinger Mühle
Buchenbach
31
Donaueschingen
Elzach / Freudenstadt
Ober-Glottertal
65
Wuspenhof
Hugenwald-tunnel
Waldkirch
Unter-Glottertal
Stegen
Zarten
Kirchzarten
Oberried / Todtnau
Föhrental
Attental
AS Kirchzarten
AS Glottertal
Denzlingen
294
FR-Ebnet
31
Badenova-Stadion
Freiburg i. Br.
Emmendingen
3
FR-Zentrum
A5 FR-Mitte

66 Plattenhof

985 m

Platte 3
79271 St. Peter
☎ 07660 / 864

www.plattenhof-ferienwohnung.de

Mai bis Oktober
Ruhetag: Montag und Dienstag
Täglich von 11 bis 22 Uhr geöffnet
November bis April
nur Freitag, Samstag, Sonn- und Feiertage geöffnet

Durchgehend warme Küche von 12 bis 20 Uhr
Bauernbratwurst und Holzfällersteak mit Bratkartoffeln

Hofschlachterei
mit Direktvermarktung

FeWo im Leibgedinghaus

Whg. Nr. 1	Gr. Wohnzimmer mit Küchenzeile 2 Schlafzimmer, Du/WC, Balkon, 64 qm
Whg. Nr. 2	Gr. Wohnzimmer mit Küchenzeile 1 Schlafzimmer, Du/WC, Balkon, 48 qm

Von Stegen kommend fahren Sie in St. Peter unter der Straßenbrücke (L127, Waldkirch <> St. Märgen) durch, danach rechts ab und nach 100 m links. Ab hier fahren Sie 3 km bergwärts, überqueren den Wanderparkplatz „Potsdamer Platz" und erreichen nach weiteren 2 km die Vesperstube Plattenhof. Siehe Skizze, Seite 119.

Ab Plattenhof folgen Sie dem Fahrsträßchen, 850 m, bis zum Waldrand (Bannwald). Hier rechts, 15 Min. Abstieg zum Zweribach Wasserfall.

Kandel-Pyramide 1242 m
Siehe Skizze, Seite 119

67 Höfener Hütte 980 m

Höfener Hütte Nr. 1
79256 Falkensteig b. Buchenbach
☎ 07661 / 33 24
www.hoefener-huette.de

1. April bis 31. Dezember:
Ruhetag: Montag (außer Feiertag)
Täglich ab 10 Uhr geöffnet

Durchgehend warme Küche
Hausgemachte Knödelgerichte, Kuchen (täglich wechselndes Angebot)
Wurstsalat, Brot mit Schwarzwälder Schinken oder Käse, Vesperplatte

1 FeWo für 3 Personen
(mit Zustellbett max. 4 Personen)

Von Freiburg (B31) in Richtung Donaueschingen. In Falkensteig, hinter dem Antiquitäten- u. Lampengeschäft (rechte Straßenseite) rechts in die Straße Schulterdobel – Hws. Höfener Hütte - einbiegen. Sie fahren die ersten 750 m auf asphaltierten Weg bergauf und erreichen nach weiteren 4,5 km Bergfahrt die Bergwirtschaft Höfener Hütte.
Siehe Skizze, rechte Seite.

Wenn Sie vom Parkplatz auf die Höfener Hütte schauen, gehen Sie vor dem Haus links den langgezogenen leicht ansteigenden Weg in 10 Min. zum Häusleberg (1.001 m). Schöne Aussicht auf das Dreisamtal.

Gegenüber der Höfener Hütte gehen Sie den Pfad hinauf zum Hinterwaldkopf (1.198 m) mit schöner Rundumsicht.

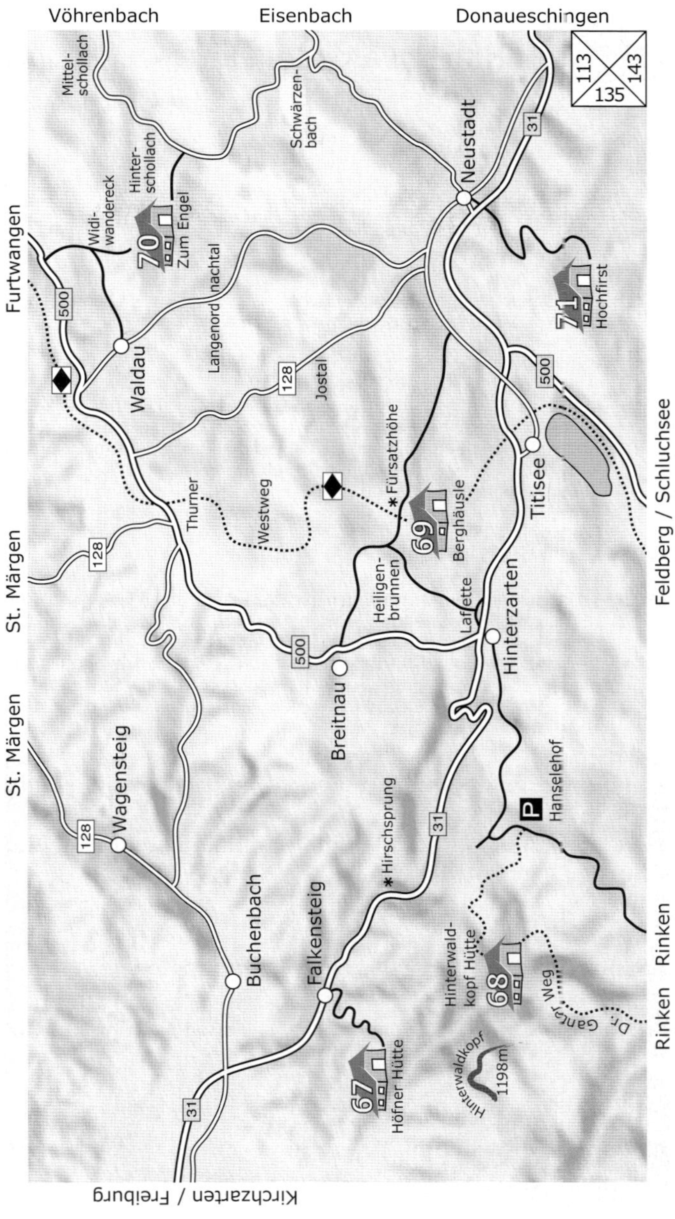
Vöhrenbach
Eisenbach
Donaueschingen
113
135
143
Furtwangen
St. Märgen
St. Märgen
Kirchzarten / Freiburg
Rinken
Rinken
Feldberg / Schluchsee
Mittel-
schollach
Hinter-
schollach
Schwärzen-
bach
Widi-
wandereck
70
Zum Engel
Neustadt
31
500
Langenordnachtal
Waldau
128
Jostal
71
Hochfirst
Fürsatzhöhe
Thurner
Westweg
69
Berghäusle
Titisee
Heiligen-
brunnen
Laffette
Hinterzarten
Breitnau
Wagensteig
Hirschsprung
Hanselehof
P
Buchenbach
Falkensteig
Hinterwald-
kopf Hütte
68
Dr. Ganter Weg
67
Höfner Hütte
Hinterwaldkopf
1198m

68 Hinterwaldkopf Hütte 1.120m

Hinterwaldkopf 1
79254 Oberried - Zastler
☎ 07661 / 33 14

www.hinterwaldkopf-huette.de

Juni bis Mitte Oktober: Ruhetag: Dienstag
Täglich von 10 bis 19 Uhr geöffnet
Mitte Oktober bis Mai: Ruhetag: Montag und Dienstag
Täglich von 10 bis 17 Uhr geöffnet

Regionale und alpenländische Küche
Sonn- und Feiertag: Krustenschweinebraten mit Knödel
Juni bis Oktober
Flammkuchenabend – freitags von 18 bis 22 Uhr

Von der B31 kommend in Hinterzarten unmittelbar hinter der Eisenbahnbrücke, rechts in die Alpersbacher Straße abbiegen. Auf dieser fahren Sie 5 km an – Thoma-Skilifte – Hotel Esche – vorbei bis zum Ghs. Zum Engel. Ab Ghs. Zum Engel erreichen Sie nach 800 m, hinter der scharfen Linkskurve, den WDP Hanselehof (Hws Hinterwaldkopf Hütte). Von hier gehen Sie auf den Dr. Ganter Weg (ebener Forstweg 2,5 km) in 40 Min. zur Hinterwaldkopfhütte.
Seite Skizze, Seite 123 und 129.

VARIANTE Von Oberried fahren Sie durch das Zastler Tal bis ins Hintertal. Sie fahren am Maederlehof vorbei bis zum Wanderparkplatz vor der Schranke. Ab hier gehen Sie auf dem Fahrsträßchen (für Fahrzeuge gesperrt) bergwärts bis zu einer Haarnadelkurve. Hier gehen Sie geradeaus und weiter auf den Hinterwaldkopfweg. Später überqueren Sie den Dr. Ganter Weg und folgen dem Hinweisschild über die Matten zur Hinterwaldkopfhütte. Wanderzeit 2 Std..

69 Berghäusle 1.050 m

Am Berg 2
79822 Titisee - Neustadt
☎ 07652 / 98 20 65

www.schwarzwald-berghaeusle.de

Ruhetag: Donnerstag (außer feiertags, dann Mittwoch Ruhetag)
Montag bis Mittwoch, Freitag bis Sonntag tägl. ab 11 Uhr geöffnet

Küche durchgehend ab 11 Uhr, sonntags bis 17 Uhr
Wechselnde saisonale Tagesgerichte und Kuchen
Berghäusleteller (Vesper), Bratwürste mit selbstgem. Kartoffelsalat

1 EZ und 2 DZ mit Dusche/WC,
2 Vierbettzimmer mit Dusche/WC
1 Zweibett-, 1 Dreibett-, 1 Vierbettzimmer und
1 Matratzenlager (10 Personen) alle mit Waschbecken
(Dusche/WC auf der Etage)

Von Freiburg, B31, in Richtung Donaueschingen. Hinter der Ausfahrt Hinterzarten nach 750 m (2. Abzweigung) halblinks abbiegen (Achtung, starker Gegenverkehr) zum Hotel Lafette (150 m). Vor dem Hotel links in die Heiligenbrunnenstraße und auf dieser 2,3 km bergwärts bis zum Ghs. Heiligenbrunnen (Kapelle). Hinter dem Gasthaus an der kommenden Abzweigung (Hws. Wanderheim Berghäusle) rechts bergwärts durch den Wald direkt zum Berghäusle, ab Abzweigung 300 m. Siehe Skizze, Seite 123.

70 Zum Engel Hochberg 1.132 m

Hochberg 7
79871 Eisenbach - Schollach
☎ 07657 / 91 96 90

www.engel-hochberg.de

Ruhetag: Mittwoch, Dienstag ab 17 Uhr geschlossen
Täglich von 11 bis 20 Uhr geöffnet
Betriebsferien: Mitte November bis Weihnachten

Durchgehend warme Küche, Tageskarte, Jägerschnitzel
Wildteller, Straßburger Wurstsalat, hausgeräucherter Speck, Kuchen

2 DZ mit Naßzelle

1 FeWo bis 4 Pers., rollstuhlgerecht, 2 Schlafzi., Küche, Dusche/WC
2 FeWo jeweils bis 4 Pers., 1 Schlafzimmer, Wohnraum mit Küchenzeile, Dusche/WC

Von Neustadt fahren Sie auf der L172 in Richtung Eisenbach / Vöhrenbach. 4 km hinter Neustadt erreichen Sie auf der Anhöhe die Abzweigung Schwärzenbach / Schollach. Hier biegen Sie links ab und fahren 5 km weiter bis Sie an der linken Straßenseite die Pension Altvogtshof sehen. Hier biegen Sie an der Bushaltestelle Bergerhof links ab und erreichen nach 2,3 km Bergfahrt die Bergwirtschaft Zum Engel. Siehe Skizze, S 123.

TIPP Oberhalb von der Bergwirtschaft 1,5 km durch den Wald zur Abzweigung Widiwander Eck (links 3 km Waldau <> rechts 1,1 km zur B500/ Kalte Herberge.

71 Hochfirst 1.190 m

Auf dem Hochfirst 10
79822 Titisee - Neustadt
☎ 07651 / 75 75

www.berggasthaushochfirst.de

Januar bis Oktober - Ruhetag: Dienstag
Täglich von 11 bis 19 Uhr geöffnet
November u. Dezember
Nur sonntags von 11 bis 18 Uhr offen

Durchgehend warme Küche
Schwabenteller, hausgemachter Flammkuchen, saisonale Gerichte
Schwarzwälder Bergvesper, Schwarzwälder Kirschtorte

4 DZ und 1 Vierbett-Zimmer
Dusche/WC auf der Etage

In Neustadt – Bahnhof überqueren Sie die Bahngleise und fahren auf der Saiger Straße den Berg hinauf. Sie erreichen nach 4 km Bergfahrt die Bergwirtschaft Hochfirst mit ihrem Aussichtsturm. Siehe Skizze, S. 123.

Vom Hochfirst auf dem Höhenkammweg (Markierung Mittelweg und Querweg Freiburg – Bodensee) 2 km zum Vögelefelsen (unweit der Batzenwaldhütte). Eine Granitfelsgruppe mit der typischen Wollsackverwitterung (kantengerundete Gesteinsblöcke).

28 Meter hohe Eisenkonstruktion. 1890 erbaut, 1999 komplett saniert.

Für Personen mit Handicap: Rollstuhlzugang und Toiletten vorhanden

72 Erlenbacher Hütte 1.100 m

Erlenbach 1
79254 Oberried
☎ 07661 / 45 18

www.erlenbacher-huette.de

Ruhetag: Montag (außer feiertags - dann Dienstag geschlossen)
Täglich von 11 bis 22 Uhr geöffnet
Betriebsferien: 3 Wochen im November und März

Küche durchgehend von 11 bis 21 Uhr
Schnitzel oder Bratwurst mit Brägele (Bratkartoffeln)
Badischer Teller - Bibiliskäs mit Wurstsalat und Brägele.

Von Kirchzarten kommend fahren Sie in Oberried hinter der nach links, abknickenden Vorfahrtsstraße (Zastler / Stollenbach) nach 180 m (Hinweisschilder) rechts ab. Auf der Vörlinsbachstraße am Campingplatz vorbei und weiter auf asphaltierter Bergstraße 7,5 km bis zur Anhöhe Erlenbacher Weide. Von hier 400 m den Berg hinunter zur Erlenbacher Hütte. Siehe Skizze, rechte Seite.

Weidelehrpfad Erlenbach. Länge: 2 km. Informationen über Leistungen und landwirtschaftl. Bedeutung einer bewirtschafteten Hochweide im Schwarzwald. Ausgangspunkt: Bergvesperstube Erlenbacher Hütte.

1. Samstag im Oktober trad. Viehabtrieb nach Oberried, 2 Std.
Bis heute betreut und überwacht der „Herder" das Vieh und die Weiden. Jährlich werden bis zu 120 Stück Jungvieh aufgetrieben.

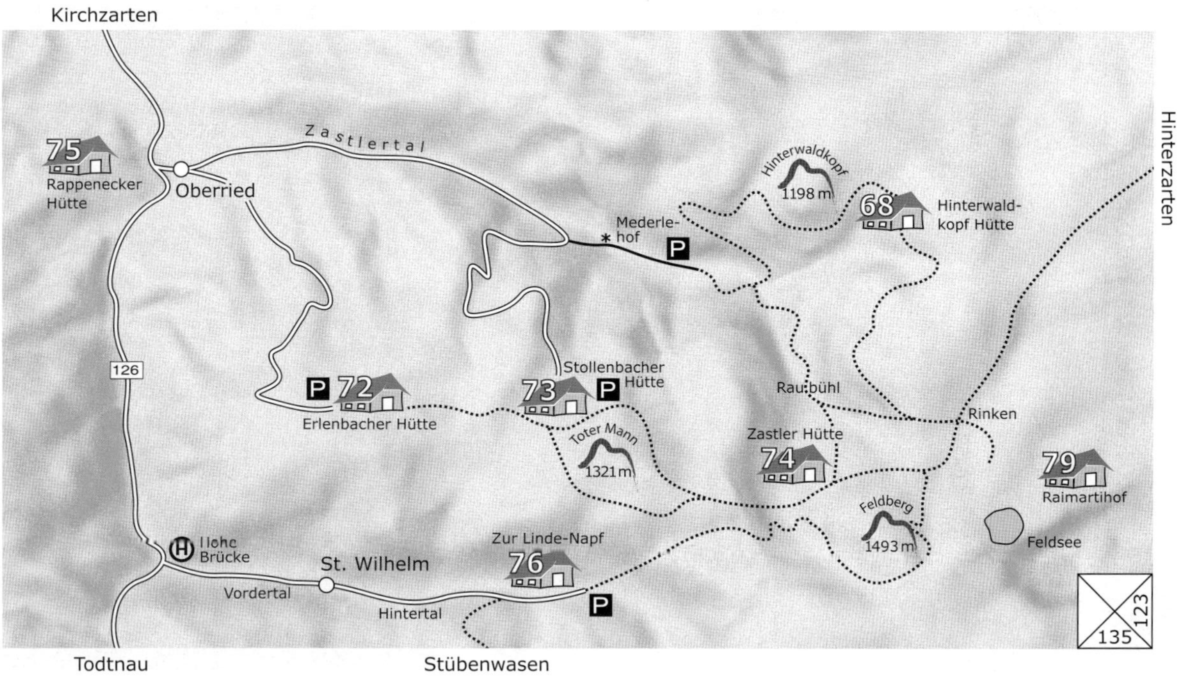

Kirchzarten
Hinterzarten
Todtnau
Stübenwasen
75
Rappenecker Hütte
Oberried
Zastlertal
126
Mederle-hof
P
Hinterwaldkopf
1198 m
68
Hinterwald-kopf Hütte
P
72
Erlenbacher Hütte
73
Stollenbacher Hütte
P
Toter Mann
1321 m
Rau.bühl
Rinken
Zastler Hütte
74
79
Raimartihof
Feldberg
1493 m
Feldsee
Hohe Brücke
St. Wilhelm
Vordertal
Hintertal
Zur Linde-Napf
76
P
123
135

73 Stollenbacher Hütte 1.092 m

Stollenbacher Str. 8
79254 Oberried - Zastler
☎ 07661 / 45 19

www.stollenbacherhuette.de

April bis November: Ruhetag Mittwoch
Montag, Dienstag u. Donnerstag bis Sonntag ab 11 Uhr geöffnet
Dezember bis März: Ruhetag Dienstag und Mittwoch
(außer in den Winterferien und bei Liftbetrieb)

Durchgehend warme Küche
Verarbeitet werden Erzeugnisse aus der Region,
teilweise aus eigener Tierhaltung, selbstgebackener Kuchen

2 DZ, 1 Dreibettzimmer, Matratzenlager bis 12 Personen
Alle Zimmer mit fließend w/k Wasser, Dusche/WC auf der Etage

Von Kirchzarten kommend fahren Sie in Oberried hinter der nach links, abknickenden Vorfahrtsstraße (Zastler / Stollenbach) 4,2 km auf der K4960 durch das Zastler Tal bis zur Abzweigung Stollenbach (Hinweisschild). Hier durchfahren Sie, die scharfe Rechtskurve. Im Anschluss 6 km bergwärts zur Stollenbacher Hütte.
Siehe Skizze, Seite 129.

Idealer Ausgangspunkt für Wanderungen, Bike- und Skitouren; Skilift
Zielwanderung zum Feldberg, 2:30 Std.

Oberhalb der Stollenbacher Hütte befindet sich der Naturfriedhof Ruheberg. Auskunft Gemeinde Oberried.

74 Zastler Hütte 1.262 m

79868 Feldberg
☎ 07676 / 244

www.zastler-hütte.de

Ruhetag: Donnerstag
(am Feiertag offen, dafür Freitag geschl.)
Freitag bis Mittwoch von 10 bis 17 Uhr geöffnet
November bis Weihnachten nur am Wochenende offen

Durchgehend Vesper warm und kalt
Eintopf, Speckeier

Von Kirchzarten kommend fahren Sie in Oberried hinter der nach links, abknickenden Vorfahrtsstraße (Zastler / Stollenbach) 4 2 km auf der K4960 durch das Zastler Tal bis zur Abzweigung Stollenbach. Hier fahren Sie geradeaus am Mederlehof vorbei bis zum Wanderparkplatz vor der Schranke. Ab hier Aufstieg (ca. 4 km) bis zum Holzplatz Rehbühl. Am Rehbühl angekommen, gehen Sie rechts den Naturweg hinauf und erreichen in 20 Min. die Zastler Hütte.
Siehe Skizze, Seite 129 u. 135.

VARIANTE Ab WDP Rinken – siehe Zufahrt [68] Hinterwaldkopf Hütte – gehen Sie an der Schranke vorbei bis zum Wanderschild. Am Wanderschild halbrechts auf den Pfad (WDZ rotes Ritterkreuz) durch den Wald. Im Wechsel, ebener und leicht ansteigender Waldpfad in 30 Minuten zur Zastler Hütte.

75 Rappenecker Hütte 850 m

Rappeneck 1
79254 Oberried
☎ 0163 / 436 65 04

www.rappeneck.de

Ruhetag: Montag
Täglich von 11 bis 19 Uhr geöffnet
In den Wintermonaten geänderte Öffnungszeiten
(über obige Telefonnummer zu erfragen)

Auswahl an regionalen Spezialitäten. Fleisch und Wurstwaren vom Oberrieder Metzger. Alle Zutaten werden von umliegenden Höfen und kleinen Familienbetrieben erzeugt.

In Oberried beim Gasthaus Zum Goldenen Adler fahren Sie rechts in die Obertalstraße. Sie fahren bergwärts auf der Obertalstraße aus Oberried und erreichen nach 3 km Bergfahrt auf Naturweg eine scharfe Rechtskurve. Sie durchfahren die Rechtskurve und erreiche nach 1,4 km die Abzweigung zur Rappenecker Hütte. Hier halbrechts und noch 650 m bis zur Rappenecker Hütte. Siehe Skizze Seite 129.

Dieser aus dem 17. Jh. stammende Hof – heute als Gastwirtschaft betrieben – wird seit Sommer 1987 von einer Photovoltaik-Anlage solar elektrisch versorgt. Der früher für die Energieerzeugung eingesetzte Dieselgenerator unterstützt heute die Photovoltaik-Anlage bei extremen Beanspruchungen oder Schlechtwetterperioden.

76

Zur Linde - Napf

828 m

Feldbergstr. 14
79254 Oberried - St. Wilhelm
☎ 07602 / 94 46 90

www.linde-napf.de

Ruhetag: Dienstag und Mittwoch
Täglich ab 11:30 Uhr geöffnet

Durchgehend warme Küche
Reichhaltige Vesperkarte, selbstgemachter Käsekuchen
Forelle aus heimischem Gewässer, Argentinisches Rumpsteak

3 Komfort-FeWo **** bis 4 Personen

Von Oberried auf der L126 in Richtung Notschrei / Todtnau. 3,4 km hinter Oberried an der Bushaltestelle „Hohe Brücke" biegen Sie links nach St. Wilhelm ab. Sie fahren 3,5 km durch das St. Wilhelmer Tal bis ans Talende zur Bergwirtschaft „Zur Linde–Napf".
Siehe Skizze, Seite 129.

Wilhelmitenpfad - Von der Bushaltestelle Hohe Brücke (s.o.) auf den Wilhelmitenpfad durch das St. Wilhelmer Tal bis ans Talende zur Bergwirtschaft Zur Linde-Napf. Wanderzeit 1:15 Std.

Wilhelmitenkloster St. Wilhelm (erbaut 1237) wurde 1682 das halbzerfallene Kloster von französischen Truppen gänzlich verbrannt.

77 Stübenwasen 1.270 m

Stübenwasen 1
79674 Todtnauberg
☎ 07671 / 334

www.berggasthof-stuebenwasen.de

Ruhetag: Donnerstag (außer feiertags)
Täglich von 10 bis 20 Uhr geöffnet

Warme Küche von 12 bis 14 Uhr und von 18 bis 19:30 Uhr
Vesper warm / kalt durchgehend

6 DZ alle Zimmer mit Dusche/WC
2 DZ mit fl. warm/kalt Wasser, Dusche/WC auf der Etage

Ab Todtnauberg (Buswendeplatz) fahren Sie auf der Radschertstraße 1,2 km bergwärts bis zum Wanderparkplatz Radschert (Jugendherberge). Gäste die im Stübenwasen einkehren bzw. übernachten können trotz **Verbotsschild** bis zum Haus vorfahren, 2,6 km.
Siehe Skizze, rechte Seite.

Als im November 1900 die Höhenmarkierung des Westweg Pforzheim-Basel beendet wurde, kam der Wunsch auf, eine bewirtschaftete Schutzhütte auf dem Rücken des Stübenwasen zu errichten. Aus Mangel an finanziellen Mitteln konnte das Projekt erst um 1935 durchgeführt werden. An ausgesucht schöner Stelle, wenn man vom Notschrei (1.119 m) 4 km den Westweg in Richtung Feldberg wandernd, beim Langmoos aus dem Wald tritt, steht die stattliche Bergwirtschaft. Vom Ghs. Stübenwasen (1.270 m) zum Feldberg (1.493 m) 5 km.

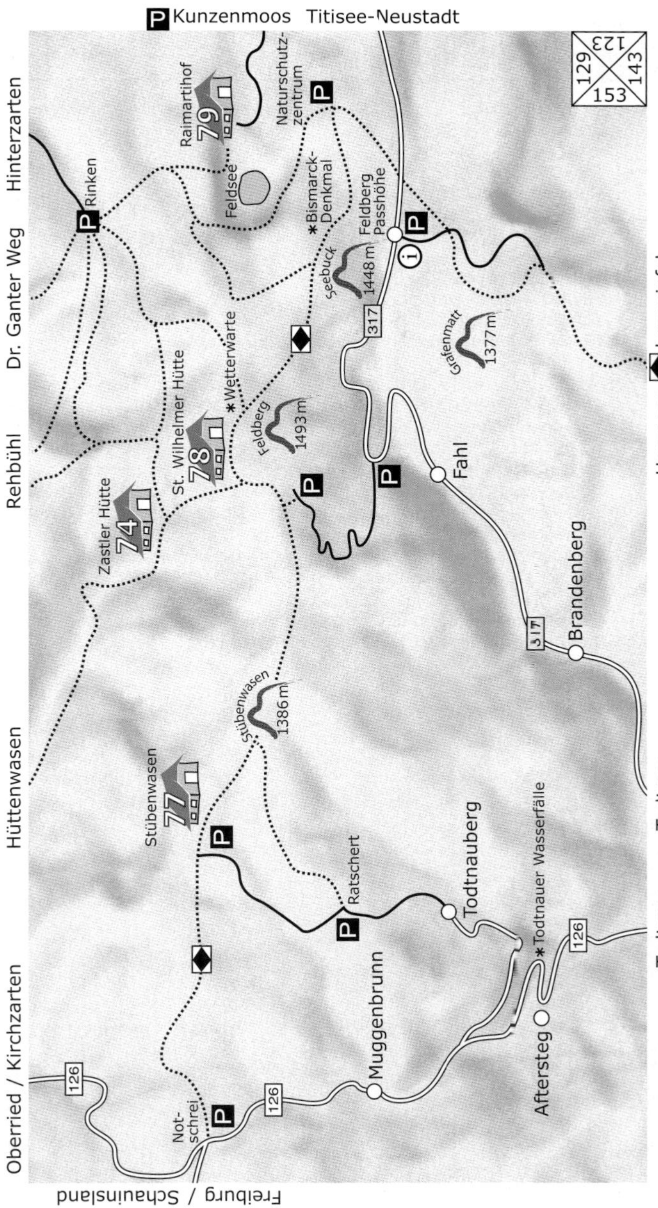

Kunzenmoos
Titisee-Neustadt
Hinterzarten
Dr. Ganter Weg
Rehbühl
Hüttenwasen
Oberried / Kirchzarten
Freiburg / Schauinsland
Rinken
Raimartihof
79
Feldsee
Naturschutz-zentrum
Bismarck-Denkmal
Feldberg Passhöhe
Seebuck
1448 m
317
Grafenmatt
1377 m
Herzogenhorngipfel
Zastler Hütte
74
St. Wilhelmer Hütte
78
Wetterwarte
Feldberg
1493 m
Fahl
Brandenberg
Stübenwasen
1386 m
Stübenwasen
77
Ratschert
Todtnauberg
Todtnauer Wasserfälle
Todtnau
Todtnau
126
Muggenbrunn
Aftersteg
Not-schrei
129
123
143
153

78 St. Wilhelmer Hütte 1.423 m

79868 Feldberg / Schwarzwald www.sankt-wilhelmerhuette.de
07676 / 342

Ruhetag: Mittwoch
Montag, Dienstag, Donnerstag bis Sonn- und Feiertage täglich von 10 bis 17 Uhr geöffnet

Durchgehend warme Küche
Hausgemachter Eintopf oder Suppe
Selbstgebackener Kuchen und Brot
Fleisch und Wurstwaren vom Schönauer Metzger

Von Todtnau, B317, in Richtung Feldberg – Passhöhe. 1 km hinter den Fahler Skiliften, in der kommenden scharfen Rechtskurve (Hws.) halblinks abbiegen. Anschließend 3 km bergwärts zum Wanderparkplatz bei der Todtnauer Hütte. Ab Wanderparkplatz wandern Sie an der Kapelle vorbei und folgen dem Hws. St. Wilhelmer Hütte. Nach 400 m (Hws.) gehen Sie rechts und anschließend 550 m auf leicht ansteigenden Naturweg zur St. Wilhelmer Hütte (Wanderzeit 15 Min.). Siehe Skizze, Seite 135.
Ausführliche Wanderbeschreibung „Rund um den Feldberg von Hütte zu Hütte“, Seite 138.

Höchstgelegene Bergvesperstube in BaWü
Laurenzifest 10. August - Einziger Viehmarkt am Feldberg

79 Raimartihof Gasthaus zum Feldsee 1.108 m

Raimartihofweg 12
79868 Feldberg / Schwarzwald
☎ 07676 / 226

www.raimartihof.de

Täglich von 9 bis 19 Uhr geöffnet
Mai bis Mitte November: Kein Ruhetag
Januar bis April: Ruhetag: Dienstag

Durchgehend warme Küche
Tagesessen nach Aushang, Galloway-Spezialitäten
Bibliskäse mit Brägele (Bratkartoffeln), Wildgerichte, Kaffee u. Kuchen

2 Selbstversorgerhütten: 1 x bis 8 Pers., 54 qm, 1 x bis 12 Pers., 84 qm
Vollelektrifiziert, Heizung, Elektroherd und Kühlschrank, Dusche/WC
2 Mehrzimmer FeWo: 1 x bis 12 Pers., 68 qm, 1 x bis 21 Pers., 90 qm
Ferienwohnungen mit gehobenem Hüttencharakter

Hinter Titisee von der B31 auf die B317 in Richtung Feldberg. Hinter der Abzweigung Schluchsee rechts auf die Verbindungsstraße K4962 (Bärental – Titisee). Anschließend 1,3 km talwärts bis zum Hinweisschild Raimartihof (linke Straßenseite). Hier biegen Sie links ab und erreichen nach 2 km den Wanderparkplatz Kunzenmoos. Von hier in 45 Min. auf teilweise ebenen und leicht ansteigenden Waldweg zum Raimartihof. Siehe Skizze, Seite 135.
Ausführliche Wanderbeschreibung „Rund um den Feldberg von Hütte zu Hütte“, Seite 138.

Der Raimartihof wurde als Eindachhof 1710 erbaut, wird seit 1825 in der 6. Generation bewirtschaftet.

Rund um den Feldberg von Hütte zu Hütte

(Siehe Skizze, Seite 135)

Raimartihof 1.108 m

Feldberg 1.493 m

St. Wilhelmer Hütte 1.423 m

Zastler Hütte 1.262 m

Ausgangspunkt unserer Wanderung ist der Wanderparkplatz Rinken.

Von Hinterzarten fahren Sie auf der Rinkenstraße nach Alpersbach und nach weiteren 3,5 km erreichen Sie den Wanderparkplatz Rinken
Ab Wanderparkplatz Rinken (1.196 m) gehen Sie bis zum Waldrand und links um den Berg herum und folgen dem Hinweisschild Raimartihof. Sie gehen zunächst auf ebenem, die letzten 500 m auf unebenem Waldweg direkt zum Raimartihof (1.125 m).
Vom Raimartihof gehen Sie zum Feldsee. Am See folgen Sie links dem Wanderweg und erreichen nach steilem Aufstieg die Anhöhe Grüble (1.243 m).
Ab Grüble gehen Sie rechts über den Feldbergsattel und folgen dem Westweg bis zum Feldberggipfel (1.493 m). An der Wetterwarte gehen Sie links den Berg (Westweg) hinunter und folgen dem Hinweisschild St. Wilhelmer Hütte. An der St. Wilhelmer Hütte (1243 m) gehen Sie rechts auf dem ebenen Weideweg weiter und nach ca. 500 m beginnt der Abstieg zur Zastler Hütte (1.262 m).
Ab Zastler Hütte talwärts bis zum Wanderparkplatz Rehbühl. Ab Rehbühl gehen Sie auf dem Forstweg bergwärts zum Ausgangspunkt Rinken zurück.

Die Naturschutzzentren im Schwarzwald

Wenn Sie sich auf Ihren Wanderungen über die Natur informieren wollen, besuchen Sie doch eines der beiden Naturschutzzentren mit ihren Ausstellungen.

Beide Naturschutzzentren bieten eine Dauerausstellung zur umliegenden Natur und ein Programm mit vielen Führungen und Veranstaltungen. Aktuelle Programme und Aktivitäten finden Sie immer unter **www.naturschutzzentren-bw.de.**

Die Zentren betreuen große Naturschutzgebiete, im Norden die Naturschutzgebiete Schliffkopf, Wilder See – Hornisgrinde, Hornisgrinde – Biberkessel, Kniebis – Alexanderschanze, Eckenfels und Gottschlägtal – Karlsruher Grat, im Süden das Naturschutzgebiet Feldberg.

In diesen Schutzgebieten hat die Natur Vorrang vor dem Menschen. Sie dürfen diese Gebiete erwandern, erradeln oder mit Skiern oder Schneeschuhen erkunden und die schützenswerte Tier- und Pflanzenwelt erleben, fühlen, beobachten und auf sich wirken lassen. Ein paar Regeln gilt es einzuhalten, informieren Sie sich einfach in den beiden Zentren. Am besten lassen Sie sich die Schutzgebiete auf einer der zahlreichen Führungen von einem kundigen Führer zeigen.

Im Nordschwarzwald das Naturschutzzentrum Ruhestein
Schwarzwaldhochstraße 2
77889 Seebach-Ruhestein
Tel. 07449 / 9102-0
Öffnungszeiten:
tägl. außer Mo. und Fr. von 10 bis 17 Uhr
(auch an Sonn- und Feiertagen geöffnet.
An Karfreitag, 24. / 25.12.,
31.12. / 01.01. geschlossen)

Am Feldberg das Naturschutzzentrum Südschwarzwald
Dr. Pilet Spur 4
79868 Feldberg
Tel. 07676 / 9336-30
Öffnungszeiten:
täglich von 10 bis 17 Uhr
(am 25.12. sowie im Winterhalbjahr
an Montagen außerhalb der Schulferien
B.-W. geschlossen)

Text und Bild wurden vom Naturschutzzentrum Südschwarzwald zur Verfügung gestellt.

Grüblesattel (1.243 m) – Feldberg

Feldbergturm
1.448 m
Feldberger Hof
1.277 m

80 Präger Böden 1.050 m

Präger Böden 2
79674 Todtnau–Präg
☎ 07671 / 99 95 50

www.praegerboeden.de

Ruhetag: Montag
Täglich von 10 bis 18 Uhr geöffnet

Regionale Produkte kommen auf den Tisch
Vegetarische Gerichte
Herbst: Wildgerichte aus heimischer Jagd

3 DZ mit Dusche/WC, 1 Vierbettzimmer mit Bad /Badewanne
1 Vierbettzimmer mit Du/WC,
1 5er und ein 8er Bettenlager, Du/WC auf der Etage

Von Präg auf der L149 in Richtung Bernau / St. Blasien. 4,5 km hinter Präg biegen Sie in der scharfen Rechtskurve (Hws. Präger Böden) links ab. Nach weiteren 2,2 km erreichen Sie auf asphaltierten Wirtschaftsweg die Präger Böden. Siehe Skizze, rechte Seite und Seite 153.

Ab Präger Böden verschiedene Rundwanderwege zum Bernauer Kreuz, Herzogenhorn und Hasenhorn (Aussichtsturm)

Kletterscheune – Schneeschuhverein
Kletterkurse und geführte Schneeschuhtouren nach Absprache.

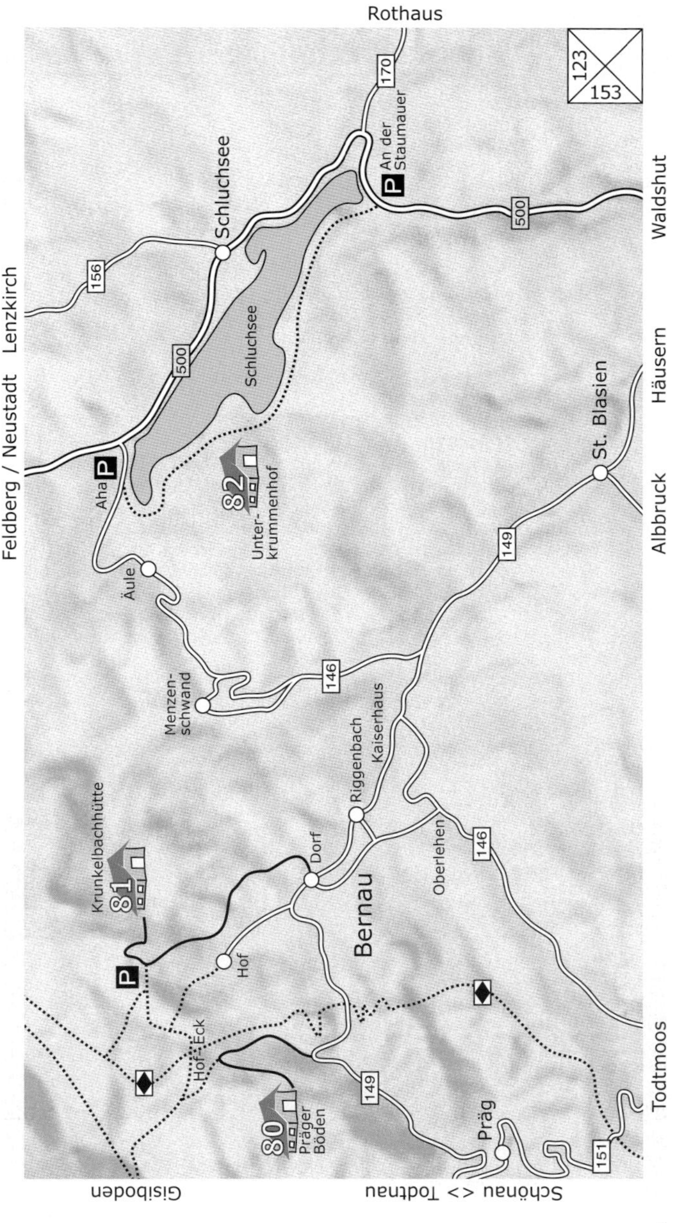
Rothaus
Feldberg / Neustadt
Lenzkirch
Waldshut
Häusern
Albbruck
Todtmoos
Gisiboden
Schönau <> Todtnau
123
153
170
156
500
146
149
151
Schluchsee
An der Staumauer
Aha
82
Unter-krummenhof
Äule
St. Blasien
Menzen-schwand
Riggenbach
Kaiserhaus
Krunkelbachhütte
81
Dorf
Bernau
Oberlehen
Hof
Hof-Eck
80
Präger Böden
Präg

81 Krunkelbachhütte 1.294 m

Krunkelbachweg 10
79872 Bernau - Dorf
☎ 07675 / 338

www.krunkelbach.de

Kein Ruhetag
Täglich ab 10 Uhr geöffnet
Betriebsferien: Anfang November bis Mitte Dezember und ganzer April

Durchgehend warme Küche von 11 bis 18 Uhr
Krunkelbacheintopf mit selbstgebackenem Brot
Kuchen aus eigener Herstellung

2 DZ, 1 Dreibettzimmer, 3 Vierbettzimmer und 1 Mehrbettzimmer bis 10 Personen
Waschraum und WC auf der Etage

Von Präg kommend am Ortseingang Bernau-Dorf, 350 m hinter dem Ghs. Bergblick, an der Kreuzung links abbiegen und an der folgenden Querstraße nach 170 m rechts auf die Dorfstraße. Auf der Dorfstraße nach 90 m an der Straßengabelung halblinks den Berg hinauf. Oberhalb an den Häusern (Garagen) halten Sie sich rechts und verlassen Bernau-Dorf auf der Krunkelbachstraße. Ab Ortsausgang 4 km bergwärts zur Krunkelbachhütte. Siehe Skizze, Seite 143.

Wintersaison: 3,5 km lange Rodelbahn von der Krunkelbachhütte bis Bernau-Hof. Schlittenverleih auf der Hütte.
Der hütteneigene Pistenbulli fährt Sie an Wochenenden stündlich und nach Bedarf (an Wochentagen nach Anmeldung) von Bernau-Hof zur Krunkelbachhütte (kostenpflichtig). Ein besonderes Erlebnis.

82 Unterkrummenhof 950 m

Unterkrummen 3
79859 Schluchsee
☎ 07656 / 15 00

www.unterkrummenhof.com

Ganzjährig von 10 bis 18 Uhr geöffnet
Ruhetag: Montag (an Feiertagen geöffnet)
Juni bis Oktober
Kein Ruhetag

Durchgehend warme Küche
Eintopf, Speckeier, Krummenbrett mit Schinken
Käse und Wälderwurst

Von Feldberg-Bärental (B317/ B500) fahren Sie 5,6 km auf der B500 in Richtung Schluchsee zur Abzweigung Menzenschwand / Bernau. Hier biegen Sie rechts ab und nach 450 m stellen Sie Ihr Fahrzeug auf dem Wanderparkplatz ab. Anschließend auf den Seeuferweg rechts um den Schluchsee herum in 45 Min. zum Unterkrummenhof, an der gegenüberliegenden Seeuferseite. Siehe Skizze, Seite 143.

Bootsanleger Unterkrummenhof
Täglich 6 Fahrten von Anfang Mai bis Mitte Oktober
Schiffsrundkurs (Teilstrecken sind möglich)
von/bis Schluchsee-Strandbad
über Anleger Aha, Unterkrummenhof, Staumauer
Info: 07656 / 92 30, www.seerundfahrten.de,
Mobil 0171 772 72 37

83 Buckhof

720 m

Münzenriedweg 5
79289 Horben
☎ 0761 / 2 95 75

www.buckhof.de

Ruhetag: Montag und Dienstag
Mittwoch bis Sonn- u. Feiertage ab 12 Uhr geöffnet

Warme Küche von 12 bis 14 Uhr und von 17:30 bis 20 Uhr
Vesperkarte warm und kalt durchgehend
Saisonale und vegetarische Gerichte, Schwarzwälder Schinken- und Vesperspeck, Schwartenmagen, Schwarz- und Leberwurst, Holzofenbrot und eigener Kuchen
Fleisch- und Wurstwaren aus überwiegend eigener Tierhaltung

1 Dreibettzimmer mit Waschgelegenheit
DU und WC auf der Etage

Von Freiburg – Wiehre auf der Schauinslandstraße (L124) in Richtung Schauinslandbahn – Talstation / Todtnau zum OT Günterstal. 1,7 km hinter Günterstal an der kommenden Abzweigung halbrechts (geradeaus Schauinsland / Todtnau) nach Horben abbiegen. Sie fahren an der Talstation - Schauinslandbahn vorbei und weiter bergwärts bis Horben (2,5 km ab Abzweigung). Sie durchfahren Horben auf der Hauptstraße und ab Ortsausgang sind es noch 1,2 km bis zum Buckhof.
Siehe Skizze, rechte Seite.

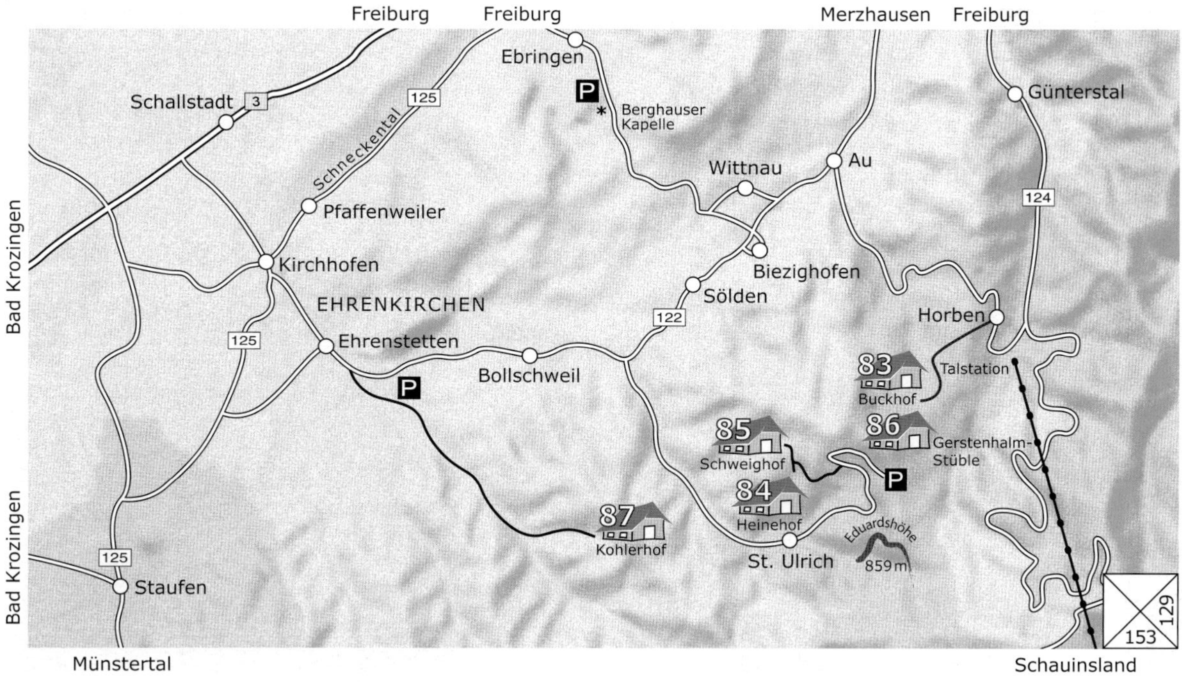

Freiburg
Freiburg
Merzhausen
Freiburg
Ebringen
Schallstadt
3
125
Schneckental
Berghauser Kapelle
Günterstal
Wittnau
Au
Pfaffenweiler
124
Kirchhofen
Biezighofen
Sölden
EHRENKIRCHEN
Horben
122
125
Ehrenstetten
Bollschweil
83
Talstation
Buckhof
85
86
Gerstenhalm-Stüble
Schweighof
84
Heinehof
87
Kohlerhof
St. Ulrich
Eduardshöhe
859 m
125
Staufen
129
153
Bad Krozingen
Bad Krozingen
Münstertal
Schauinsland

84 Heinehof

650 m

St. Ulrich 21
79283 St. Ulrich b. Bollschweil
☎ 07602 / 281

www.heinehof.de

Ruhetag: Dienstag und Mittwoch
Montag, Donnerstag und Freitag ab 16 Uhr
Samstag, Sonn- u. Feiertage ab 11 Uhr geöffnet
Betriebsferien: 3 - 4 Wochen in den Sommer-Schulferien BaWü

Fleisch- und Wurstwaren entstammen der hofeigenen Fleischrinderzucht (Limousin-Rinder) und kleine Schweinehaltung
Im Herbst traditionelles Martinsgansessen, nur nach vorh. Reservierung
Die Gänse (Freilandhaltung) werden am Hof großgezogen

2 DZ mit Dusche / WC
Auch für 1 Person buchbar

Von Freiburg – Merzhausen fahren Sie durch das Hexental in südlicher Richtung. Zwischen den Ortschaften Sölden und Bollschweil fahren Sie nach St. Ulrich links ab. Sie durchfahren St. Ulrich bergwärts und biegen nach 400 m (hinter Ortsausgang) am Hinweisschild „Heinehof" links ab, direkt zum Heinehof. Siehe Skizze, Seite 147.

85 Schweighof 705 m

St Ulrich 44 www.bollschweil.de Link: Freizeit & Tourismus
79283 St. Ulrich b. Bollschweil
☎ 07602 / 249

Ruhetag: Donnerstag, Freitag u. Samstag
Montag, Dienstag und Mittwoch ab 16 Uhr
Sonntag ab 11 Uhr geöffnet

Durchgehend warme Küche bis 21 Uhr
Täglich wechselndes Tagesessen
Rumpsteak; Schnitzel od. Bratwurst mit Brägele (Bratkartoffeln)
Fleisch- und Wurstwaren von Tieren aus eigener Tierhaltung

Von Freiburg – Merzhausen fahren Sie durch das Hexental in südlicher Richtung. Zwischen den Ortschaften Sölden und Bollschweil fahren Sie nach St. Ulrich links ab. Sie durchfahren St. Ulrich und weiter bergwärts in Richtung Geiersnest. Nach 2,1 km Bergfahrt, hinter der Zimmerei Heine, fahren Sie vor der Straßenverengung am Hws. Schweighof links ab und folgen der asphaltierten Straße 1,2 km bis zum Schweighof. Siehe Skizze, Seite 147.

Klosteranlage St. Ulrich - Das ehemalige Kloster wurde 868 erstmals erwähnt. Die jetzige Kirche sowie die anschließenden Gebäude wurden um 1740 errichtet. Wenn wir die Kirche betreten sind wir von der Schlichtheit des Innenraums überrascht. Der Hochaltar zeigt die Krönung Mariens, an den Seiten stehen die hl. Barbara und der hl. Ulrich und als Hauptfigur die Kirchenpatrone Petrus und Paulus.
Im Klosterhof steht der Taufstein, das wohl am meisten beachtete Werk der Anlage.

86 Gerstenhalmstüble 820 m

St. Ulrich 28
79283 St. Ulrich b. Bollschweil
☎ 07602 / 286
www.ferienwohnung-st-ulrich.de

Ganzjährig geöffnet
Samstag, Sonntag und Montag ab 12 Uhr geöffnet
Mai bis Oktober
Freitag ab 15 Uhr, Samstag, Sonntag und Montag ab 12 Uhr geöffnet

Durchgehend Vesper warm und kalt, selbstgebackene Kuchen, Käsekuchen wird besonders empfohlen

1 FeWo für 2 bis 3 Personen, Wohnzimmer, Schlafzimmer mit Extrabett Küche, Bad mit Dusche / Badewanne und Balkon

Von FR–Merzhausen fahren Sie durch das Hexental in südl. Richtung. Zwischen den Ortschaften Sölden und Bollschweil fahren Sie nach St. Ulrich links ab. Sie durchfahren St. Ulrich und anschließend 3,2 km bergwärts in Richtung Geiersnest.. Kurz vor der Anhöhe Geiersnest sehen Sie an der rechten Straßenseite das Gerstenhalmstüble.
Siehe Skizze, Seite 147.

Birchiburg - Vor St. Ulrich, rechts im Wald, wurden die Reste der einst mit dem Silberbergbau im Möhlintal gebrachten Burg freigelegt. Die Grabungen sind bis heute noch nicht abgeschlossen. Besichtigung nur nach Terminabsprache.
Auskunft erteilt Rathaus Bollschweil 07633 / 95 10-0. www.birchiburg.de

87 Kohlerhof 760 m

Kohler 13
79238 Ehrenkirchen
☎ 07602 / 245

Ruhetag: Montag und Dienstag
Mittwoch, Donnerstag von 11 bis 18 Uhr, Freitag von 11:30 bis 21:30 Uhr, Samstag, Sonn- u. Feiertage von 11 bis 18 Uhr geöffnet
In den Oster-, Pfingst- und Sommerferien BaWü
ist Mittwoch wie am Freitag geöffnet
Betriebsferien: ca. 4 Wochen vor Ostern u. Anf. Dez. bis 25. Dez.

Küche bis 17 Uhr (Mittwoch, Donnerstag, Samstag, Sonn- u. Feiertage)
Küche bis 20 Uhr (Freitag, kl. Küche bis 20:30 Uhr)
Saisonale Gerichte, Rumpsteak, Ziegenkäse im Speckmantel, Speckeier

Von Bollschweil fahren Sie auf der L122 in Richtung Ehrenstetten. Kurz vor Ehrenstetten (Hws. Kohlerhof) links ab in die Schopbachgasse und weiter bis zum Waldparkplatz. Ab hier auf unbefestigten Waldweg 7 km bergwärts zum Kohlerhof. Siehe Skizze, Seite 147.

Ab Obermünstertal vom Parkplatz „Spielweg", unterhalb der Schule gelegen, geht es bergwärts auf der asphaltierten Straße „Gassen" und nach 300 m links hoch bis zum Gipfhof. Dort wandert man rechts bis zum oberen Waldrand, kreuzt den Höhenzugangsweg Staufen <> Schauinsland und folgt der Beschilderung „Kohlerhof".
Von hier kommt man zurück über den links ansteigenden Wiesenweg zum „Sonnhaldenberg" (Kammhöhe) anschließend abwärts über das offene Weidegelände (schöne Aussicht) bis zum Ausgangspunkt „Spielweg". Wegstrecke 7 km - hin u. zurück, Höhenunterschied 400 m, Markierung: Weißer Punkt.

88 Alm-Gaststätte **Kälbelescheuer** 976 m

Kälbelescheuer 1
79244 Münstertal
☎ 07636 / 78 88 87

www.kaelbelescheuer.de

Ruhetag: Montag
Täglich von 11 bis 20 Uhr geöffnet
November bis März: Nur am Wochenende von 11 bis 18 Uhr geöffnet
Weihnachten bis 6. Januar: Täglich von 11 bis 18 Uhr, außer montags

Zirns-Schnitzel mit Bratkartoffeln
Nudeltopf mit Rindfleischeinlage, selbstgebackener Kuchen

Von Staufen kommend biegen Sie in Münstertal am Rathaus rechts ab auf die L130 – Richtung Kleines Wiesental – Neuenweg. Ab Ortsausgang Münstertal 5,6 km bergwärts zur Abzweigung Kälbelescheuer (Hws.). Hier fahren Sie rechts den Berg hinauf und erreichen nach 2 km die Kälbelescheuer. Siehe Skizze, rechte Seite.

Von Münstertal oder Badenweiler in Richtung Kleines Wiesental - Neuenweg fahren. Von der Passhöhe, Ghs. Haldenhof, gehen Sie auf einem schmalen Waldweg (Waldlehrpfad) um die Westseite des Weiherkopfs. Am Waldaustritt schöne Aussicht auf den Belchen und in der Ferne sehen Sie die Bergwirtschaft Kälbelescheuer. Wanderzeit 45 Min.

Im Dezember 1932 erteilte die Gemeinde Untermünstertal die Konzession zum Betrieb einer Schankwirtschaft. Im Jahre 1960 erhielt die Kälbelescheuer den Anschluss an das elektrische Stromnetz.

Die Alm mit der familiengeführten Gastlichkeit. Große Terrasse mit einmaligem Panoramablick über die Rheinebene bis zu den Vogesen.

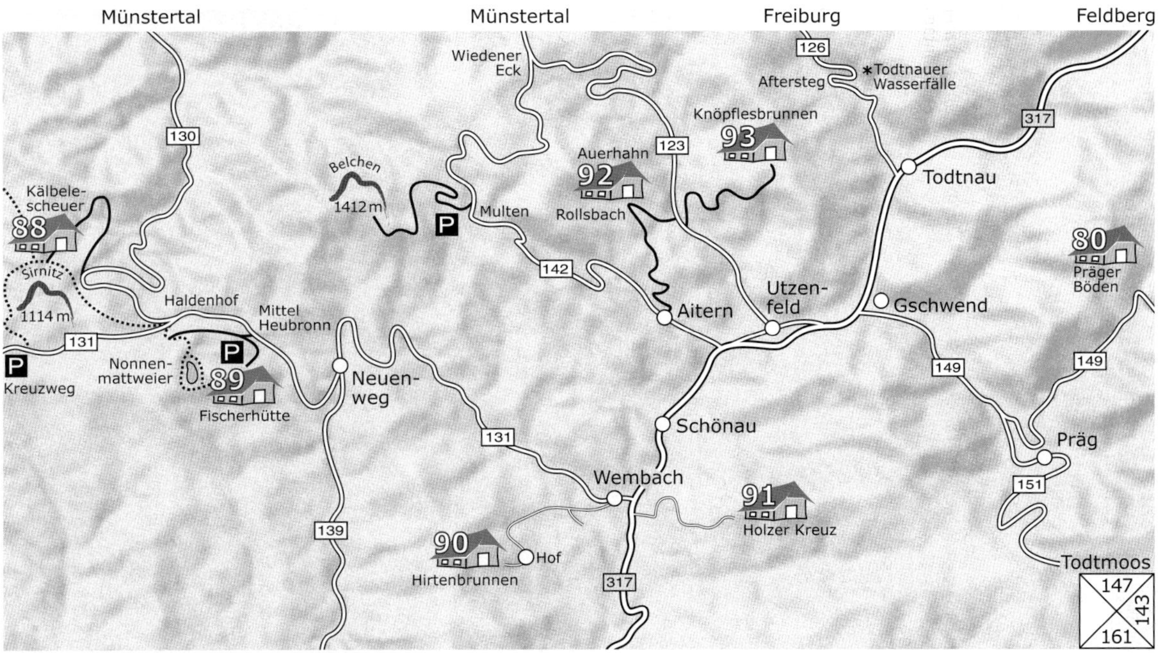
Münstertal
Münstertal
Freiburg
Feldberg
Bernau
Badenweiler
Tegernau
Schopfheim
Todtmoos
Wiedener Eck
126
Aftersteg
*Todtnauer Wasserfälle
317
130
Knöpflesbrunnen
93
123
Auerhahn
92
Belchen
1412 m
Multen
Rollsbach
Todtnau
Kälbele-scheuer
88
80
Präger Böden
142
Sirnitz
1114 m
Haldenhof
Mittel Heubronn
Aitern
Utzen-feld
Gschwend
131
Nonnen-mattweier
89
Fischerhütte
Neuen-weg
Kreuzweg
149
149
Schönau
Präg
131
Wembach
151
91
Holzer Kreuz
139
90
Hof
Hirtenbrunnen
317
147
143
161

89 Fischerhütte Nonnenmattweiher 915 m

Mittelheubronn (NAVI-Orientierungshilfe)
79692 Kleines Wiesental - Neuenweg
☎ 07673 / 93 23 81 www.fischerhuette-nonnenmattweiher.de
Mobil 0162 866 72 12)

Mai bis Anfang November: Ruhetag: Montag (außer Feiertag)
Dienstag bis Sonn- u. Feiertage
täglich von 11 bis 19 Uhr geöffnet
Dezember bis April:
Samstag, Sonn- und Feiertage von 11 bis 18 Uhr geöffnet

Durchgehend warme Küche
Suppen, Salate, zünftige Bauernvesper,
Forellen aus eigenen Teichen und hausgemachte Kuchen.
Alle Wurst- und Fleischprodukte vom eigenen Bauernhof.

Von Staufen kommend biegen Sie in Münstertal am Rathaus rechts ab auf die L130 – Richtung Kleines Wiesental – Neuenweg. Anschließend bis zur Anhöhe Haldenhof (10 km). Hier links, 1,7 km talwärts bis Mittelheubronn. Hinter der scharfen Links-, Rechtskurve (Hinweisschild) biegen Sie rechts ab und fahren auf dem Wirtschaftsweg bergwärts zur Abzweigung „Nonnenmattweiher“. Hier scharf links, 500 m zum WDP „Nonnenmattweiher". Anschließend 10 Min. Fußweg zur Fischerhütte. Siehe Skizze, Seite 153.

Nonnenmattweiher: 100 m von der Fischerhütte entfernt.
Von besonderer Schönheit ist das 915 m hochgelegene Gewässer (Karsee) mit seltener Flora; Wacholderweiden; Alpenpflanzen am Weiherfelsen; bodenbeständiger Urwald in der Karwand und schwimmender Torfinsel mit Hochmoorvegetation (Betreten verboten).

90 Hirtenbrunnen 690 m

Hof 4
79677 Fröhnd - Hof
☎ 07673 / 425

www.hirtenbrunnen.com

Ruhetag: Montag
Dienstag bis Freitag ab 14 Uhr
Samstag, Sonn- u. Feiertage ab 12 Uhr geöffnet

Saisonale Gerichte (Bärlauch, Spargel, Wild und Pfifferlinge), hausgemachter Kuchen
Wildsauessen ab 8 Personen auf Vorbestellung

5 EZ, 11 DZ und 1 Dreibettzimmer
teilweise mit Dusche / WC auf der Etage

Von Schönau fahren Sie auf der B317 in Richtung Schopfheim. Kurz vor Ortsausgang Schönau biegen Sie nach Wembach rechts ab. Vor Ortsausgang Wembach fahren Sie nach Hof (2 km) links ab. In Hof, an der kleinen Kreuzung sehen Sie links ein kleines Holztürchen, welches Ihnen den Zugang zum „Hirtenbrunnen" frei macht.
Siehe Skizze, Seite 153.

Der Hirtenbrunnen (17. Jh.) war hier oben, vor der Besiedlung von Fröhnd-Hof, der erste Hof weit und breit. Das auf den umliegenden Weiden grasende Vieh hatte auch nur hier die Möglichkeit, aus einem Brunnen zu trinken. Hirten, die über das Vieh wachten und der Brunnen waren Namensgebung für die 1940 eröffnete Bergvesperstube Hirtenbrunnen.

91 Holzer Kreuz 976 m

Holz 9
79677 Fröhnd-Holz
☎ 07673 / 286

www.holzerkreuz.de

Januar bis eine Woche vor Ostern
Nur sonntags von 10 bis 19 Uhr geöffnet (Küche bis 18 Uhr)
Ostern bis Ende Oktober / 2. Weihnachtstag bis 6. Januar
Ruhetag: Mittwoch und Donnerstag
Montag, Dienstag, Freitag und Samstag von 14 bis 20 Uhr
Sonn- und Feiertage von 10 bis 20 Uhr geöffnet

Vesper warm und kalt, durchgehend bis 19 Uhr
Schwarzwälder Speck mit selbstgebackenem Bauernbrot
Heimische Käsespezialitäten
Sonntags Mittagstisch von 11:30 bis 14 Uhr

2 DZ alle Zimmer mit Dusche/WC, SAT-TV u. Balkon

3 FeWo für 2-4 Personen
Ferien auf dem Bauernhof

Von Schönau fahren Sie auf der B317 in Richtung Schopfheim. Hinter der Ortschaft Wembach biegen Sie zu den Ortsteilen Fröhnd – Künaberg – Stutz und Holz links ab auf die K6303. Sie fahren 2,7 km bergwärts und sehen am Ortseingang Vorderholz rechts die Bergwirtschaft Holzer Kreuz. Siehe Skizze, Seite 153.

92 Zum Auerhahn 850 m

Unterrollsbach 3
79677 Aitern-Rollsbach
☎ 07673 / 309

www.auerhahn-rollsbach.de

Ruhetag: Mittwoch und Donnerstag
Täglich ab 10 Uhr geöffnet
Betriebsferien: Ende November bis Ende Dezember

Warme Küche von 11:30 bis 14 Uhr u. 17:30 bis 20 Uhr
Durchgehend Vesper warm und kalt
Rindfleisch vom Hinterwälder Rind aus eig. Tierhaltung u. Schlachtung

Vier Ferienwohnungen
5 DZ, alle Zimmer mit Dusche/WC

Von Schönau kommend biegen Sie am Ortsende Aitern rechts in die Bergstraße. Auf dieser fahren Sie 2 km bergwärts und anschließend 900 m auf ebenem Sträßchen bis Rollsbach. In Rollsbach, an der Abzweigung (Hws.) halten Sie sich rechts und erreichen nach wenigen Metern das Berggasthaus Auerhahn. Siehe Skizze, Seite 153.

VARIANTE In Utzenfeld – Königshütte (von Utzenfeld kommend) biegen Sie hinter der Abzweigung [100] Knöpflesbrunnen (Zufahrt siehe dort), an der kommenden Häusergruppe (Hws.) links ab. Nach 400 m fahren Sie rechts und nach 1 km steiler Bergfahrt erreichen Sie das Berggasthaus Auerhahn.

Von Wieden, ab der Kirche, wandern Sie zum Ortsteil Laitenbach. Ab hier gehen Sie über den Moosbachweg (schöne Ausblicke) auf ebenem Weidepfad, parallel zum Berg, nach Rollsbach. Wanderzeit 1 Std.

93 Knöpflesbrunnen 1.124 m

Knöpflesbrunnen
79694 Utzenfeld
☎ 07673 / 88 84 55

www.knoepflesbrunnen.de

Alpenblick

Mitte April bis Mitte November
Ruhetag: Freitag
von 10 bis 19 Uhr geöffnet
25. Dez. bis nach Fasnacht
Kein Ruhetag - tägl. ab 10 Uhr geöffnet

Täglich wechselndes Tagesgericht, deftige Vesper
Fleisch u. Wurstwaren vom heimischen Metzger
Selbstgem. Kuchen u. Torten (Spezialität: Schwarzwälder Kirschtorte)

1 Dreibett- und 2 Siebenbettzimmer
jeweils mit Dusche und WC

Von Utzenfeld fahren Sie auf der L123 – 2,8 km in Richtung Münstertal. Im Weiler Königshütte biegen Sie an der Abzw. Knöpflesbrunnen (Hws.) rechts ab und fahren den steilen Waldweg bergauf. Nach 3,5 km erreichen Sie einen Wanderparkplatz. Ab hier gehen Sie die letzten 170 m zu Fuß zum Knöplesbrunnen. Siehe Skizze, Seite 153.

Gegenüber vom Hotel Notschrei (Passhöhe: Freiburg <L124> Todtnau) folgen Sie dem Westweg Pforzheim – Basel. (rote Raute auf weissem Grund) in Richtung Wiedener Eck. Nach 25 Min. erreichen Sie eine Wegkreuzung. Hier gehen Sie links (Wanderzeichen blaue Raute auf weißem Grund) – Wasserhüttenweg – Gschwender Hölzle – Knöpflesbrunnenweg – Dachsrain – Ob. Rüttewaldweg - Ghs. Knöpflesbrunnen, 1:50 Std.

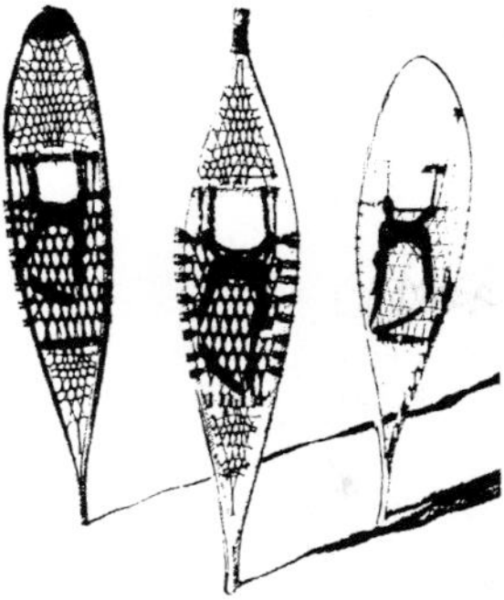

Der Schneeschuh,
das älteste Wintersportgerät der Welt

„Auf einer leicht angefrorenen Schneedecke zu laufen, vermittelt fast schon ein Gefühl des Schwebens.", schreibt ein begeisterter Schneeschuhwanderer.

Vorläufer der heutigen Ski sind breitflächige Gleit- und Schneeschuhe, weitläufig werden sie den Eskimos oder Indianern Nordamerikas zugedacht. Felszeichnungen auf der norwegischen Insel Rödöy und im asiatischem Raum, sowie Funde in norwegischen und schwedischen Mooren belegen, dass die Menschen schon in der Jungsteinzeit Schneeschuhe nutzten. Diese bestanden aus einem länglichen gebogenen Rahmen, der mit Leder oder einem Zweiggeflecht bespannt an den Schuhen befestigt wurde. Jagdszenen am Onega-See im Nordwesten Russlands um 500 v.Chr. zeigen, dass Schneeschuhe auch dort als Fortbewegungsmittel auf einer Schneedecke dienten. Die Jäger und Wandervölker des Nordens verwendeten sie erst viel später an Stelle längerer Holzscheite zum Gleiten („Ski" ist das nordische Wort dafür).

Durch die Industrialisierung Ende des neunzehnten Jahrhunderts und der damit verbundenen eintönigen Arbeit an Maschinen trieb es mehr und mehr Menschen wieder in die freie Natur. Die Expedition (1888) des norwegischen Nobelpreisträgers Fridtjof Nansen (1861-1930) - von Ost nach West durch die Südspitze von Grönland - gab diesem Zug der Zeit Auftrieb. Letztendlich führten die Spuren der Schneeschuhe über die Jahrtausende auch zum Wintersport in den Schwarzwald.

Ausflug-Tipp: Skimuseum in Hinterzarten

94 Eichrüttehof 780 m

Hartschwand 1
79733 Hartschwand b. Görwihl
☎ 07754 / 12 62

www.eichruettehof.de

Ruhetag: Montag
Täglich ab 10 Uhr geöffnet

Durchgehend warme Küche
Verschiedene Brägelgerichte (Bratkartoffeln)
Rindfleischprodukte aus eigener Muttertierhaltung
Herbst: Schlachtplatte

Verkauf von eigenen Erzeugnissen
Fleisch vom Weiderind, Wurst im Glas, Rauchwurst

Matratzenlager im Dachgeschoß
Dusche und WC vorhanden

Von Görwihl fahren Sie auf der L 153 – 4 km bergwärts in Richtung Todtmoos. An der Abzweigung: Strittmatt – Hartschwand rechts ab. Im Talgrund in der folgenden scharfen Rechtskurve biegen Sie nach Hartschwand links ab und sehen nach 350 m an der linken Straßenseite die Bergwirtschaft Eichrüttehof. Siehe Skizze, rechte Seite.

Eigenes Ganzjahresprogramm unter obiger Telefonnummer erfragen und übers Internet (s. o.).

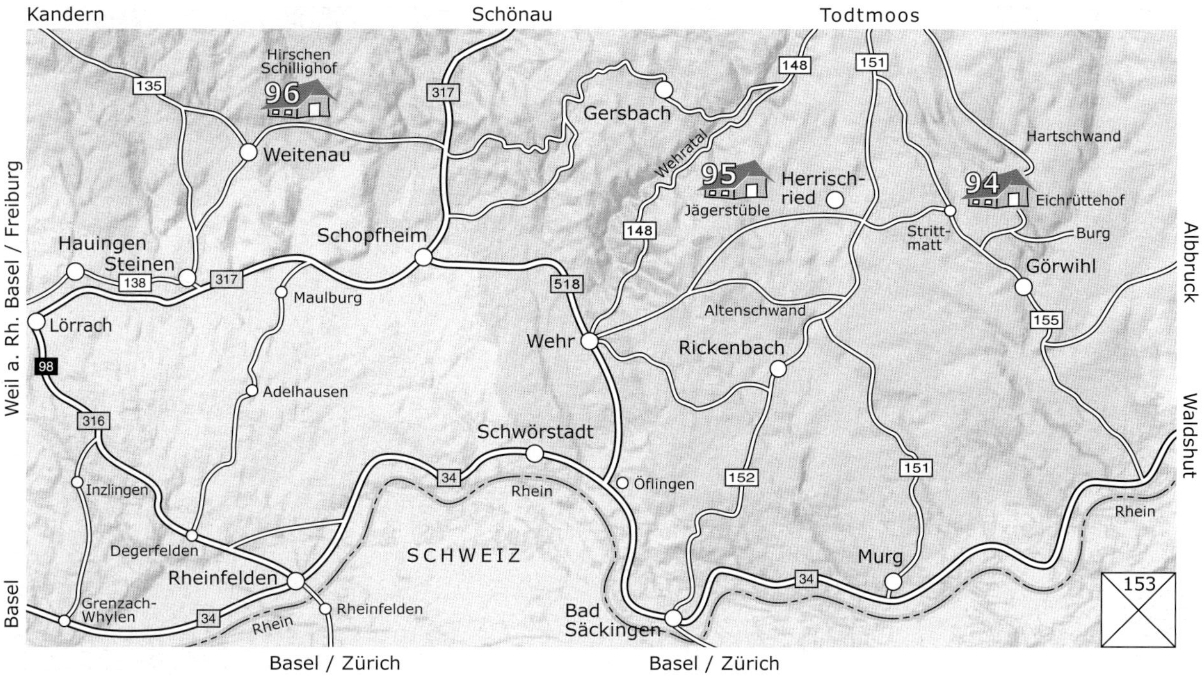

Kandern
Schönau
Todtmoos
Hirschen
Schillighof
96
135
317
148
151
Gersbach
Weitenau
Hartschwand
Wehratal
95
Herrisch-
ried
94
Eichrüttehof
Jägerstüble
Weil a. Rh. Basel / Freiburg
Hauingen
Steinen
Schopfheim
148
Stritt-
matt
Burg
Albbruck
138
317
518
Görwihl
Maulburg
Altenschwand
155
Lörrach
Wehr
Rickenbach
98
Adelhausen
Waldshut
316
Schwörstadt
34
Öflingen
152
151
Inzlingen
Rhein
Rhein
Degerfelden
SCHWEIZ
Murg
Rheinfelden
34
153
Basel
Grenzach-
Whylen
34
Rheinfelden
Bad
Säckingen
Rhein
Basel / Zürich
Basel / Zürich

95 Jägerstüble 943m

Hornberg 27
79737 Hornberg b. Herrischried
☎ 07764 / 241

www.jaegerstueble-hornberg.de

Ruhetag: Mittwoch und Donnerstag
Täglich von 11 bis 22 Uhr,
Sonn- u. Feiertag bis 20 Uhr geöffnet

Warme Küche von 11:30 bis 14 Uhr und 17:30 bis 20:30 Uhr
Sonn- und Feiertag durchgehend bis 20 Uhr
Vesperkarte ganztägig

Saisonale Gerichte, Tagesessen
Spargel-, Pilz- und Wildgerichte

1 Komfort-FeWo
bis 2 Personen

Von Atdorf kommend fahren Sie in Hornberg auf der Dorfstraße an der Abzweigung Hornbergbecken vorbei und sehen gleich links die Bergwirtschaft Jägerstüble. Siehe Skizze, Seite 161.

Wanderung zum Hornbergbecken 15 Min.
Auf der höchsten Erhebung des Hotzenwaldes entstand zum Zwecke der Spitzenstromerzeugung das Hornbergbecken, das Oberbecken des Kavernenkraftwerkes Wehr.
Das auf der Dammkrone 700 m lange und 300 m breite Becken ist 46 m tief. Das Fassungsvermögen des Beckens beträgt 4,4 Mio. m^3.

96 Hirschen - Schillighof 440 m

Schillighof 33
79585 Weitenau b. Steinen
☎ 07627 / 412

www.hirschen-schillighof.de

Mai bis Oktober
Ruhetag: Montag
Dienstag bis Freitag ab 16 Uhr,
Samstag ab 14 Uhr,
Sonn- und Feiertage ab 10 Uhr geöffnet
Mitte November bis April
Ruhetag: Montag und Freitag
Betriebsferien: Ende Oktober bis Mitte November

Fitnessteller - Schnitzel umlegt mit 5 verschiedenen Salaten
Bauernteller - Speck, Blut- und Leberwurst
Metzgete am 1. Advent u. Mitte Januar jeweils ein Wochenende (Reservierung erwünscht)

Von Steinen, L135, fahren Sie in Richtung Kandern / Wieslet. An der Abzweigung Kandern fahren Sie geradeaus weiter zum Ort Weitenau. 1 km hinter Weitenau biegen Sie an der Bushaltestelle – Abzweigung Schillighof – links ab. Sie fahren ab hier geradeaus, an den Häusern vorbei und erreichen nach 280 m die Bergwirtschaft Hirschen-Schillighof. Siehe Skizze, Seite 161.

August: An drei unterschiedlichen Tagen (Termine tel. erfragen). **Mundarttheater auf Freilichtbühne** (Sitzgelegenheit mitbringen).

Fronleichnam: **Rock am Bruch**, 2 Tage Livemusik und Freilichtkino, Kinderbetreuung.

GROSSE VERLAG

SEIT 1989

In der gleichen Reihe erschienen

168 Seiten s/w - 18 Skizzen
€ 18,00 / CHF 28,00
ISBN 978-3-934793-20-0
10. überarbeitete Auflage 2015

Das Taschenbuch enthält erstmals ein Gesamtverzeichnis aller 109 Straußwirtschaften / Gutsschänken am Oberrhein, zwischen Karlsruhe und Basel.

Sie finden Informationen über Öffnungszeiten, Ruhetage und Spezialitäten. Straßenskizzen und Beschreibungen der Zufahrtsmöglichkeiten ergänzen den Inhalt des Buches.

In der gleichen Reihe erschienen

168 Seiten s/w - 18 Skizzen
€ 18,00 / CHF 28,00
ISBN 978-3-934793-21-7
4. überarbeitete Auflage 2015

109 Pfälzer Waldgasthäuser & Vesperhütten im Naturpark Pfälzerwald die zu einer Rast einladen, sind in diesem Taschenbuch aufgeführt.
Ein nützlicher Führer für Pfälzer und Nichtpfälzer, die den Pfälzerwald einmal auf andere Art kennenlernen möchten.
Informationen über Öffnungszeiten, Ruhetage, Spezialitäten und Straßenskizzen komplettieren das Buch.

In der gleichen Reihe erschienen

168 Seiten s/w · 13 Skizzen
€ 18,00 / CHF 28,00
ISBN 978-3-934793-24-8
5. Auflage 2016, deutsch - französisch

Ausgewählte 81 Bergwirtschaften, sogenannte „Fermes Auberges" finden Sie in diesem Taschenbuch. Informationen über Öffnungszeiten, Übernachtungsmöglichkeiten, Spezialitäten und Zufahrtswege sowie Tourenvorschläge und Beschreibungen von Sehenswürdigkeiten komplettieren das Buch.

168 Seiten s/w - 16 Skizzen
€ 18,00 / CHF 28,00
ISBN 978-3-934793-18-7
5. Auflage 2013, deutsch - französisch

93 ausgewählte Bergwirtschaften, sogenannte „Métairies", finden Sie in diesem Taschenbuch - versehen mit Informationen über Öffnungszeiten, Übernachtungsmöglichkeiten, Spezialitäten und Zufahrtswege. Ein nützlicher Führer für alle, die die Region der Nordwestschweiz einmal auf andere Art kennenlernen möchten.